文春文庫

名画と読むイエス・キリストの物語

中野京子

文藝春秋

タケへ

名画と読むイエス・キリストの物語　目次

ヘロデ大王

ローマ帝国の手先として、ユダヤ王になる。自らの王朝が脅かされることを恐れ、幼子イエス抹殺を企てる。

（ヘロデ大王の子ども）

ヘロデ・フィリポ一世

ヘロデ大王の息子。ヘロディアの叔父で前夫。サロメの父。

ヘロデ・アンティパス

フィリポ一世の弟。ヘロディアの現夫。イエスを洗礼者ヨハネの生まれ変わりと怖れていた。

ヘロディア

サロメの母。洗礼者ヨハネを憎む。

（子ども）

サロメ

ヘロディアの娘。義父ヘロデ・アンティパスの前で踊りを披露し、褒美にヨハネの首を望んだ。

聖母マリア

イエスの母。ナザレの大工ヨセフの妻。

ヨセフ

マリアの夫。血のつながらない子イエスを育てる。

（子ども）

洗礼者ヨハネ

預言者。ヨルダン川でイエスに洗礼を授ける。兄嫁と結婚したヘロデ・アンティパスを批難したことで、首を刎ねられる。

洗礼 →

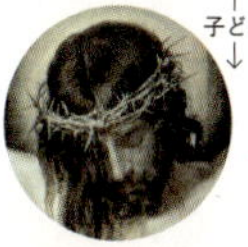

イエス

マリアが聖霊によってみごもった、神の子。30歳前後で伝道活動をはじめ、その3年後には「ユダヤの王」を名乗った罪で処刑された。

弟子 →

マグダラのマリア

七つの悪霊に取り憑かれていたところを、イエスに救われる。娼婦だったとされるが、悔悛してイエスの忠実な弟子となる。イエスの復活を最初に目撃した。

イエスの12人の弟子（十二使徒）

ペテロ

本名シモン。ガリラヤの漁師出身。イエスの一番弟子で、岩の上に教会を建てるようにと天国の鍵を戴く。後にローマにまで布教し、逆さ磔により殉教。

アンデレ

ペテロの弟で、漁師出身。ギリシャでX字形磔により殉教。

ヨハネ

最もイエスに愛された弟子と言われている。「ヨハネ福音書」と「ヨハネ黙示録」記者とされる。

ゼベダイの子ヤコブ（大ヤコブ）

ヨハネの兄で、イエスから「ボアネルゲス（雷の子）」と呼ばれるほどの激情家。斬首で殉教。

トマス

元漁師。疑り深い性格で、復活したイエスの傷跡に指を入れて確かめた。インドで殉教。

マタイ

人々に憎まれる徴税人の仕事をしていたが、イエスに召命されて弟子となる。斧で頭を割られて殉教。

シモン

イスラエルの独立運動を展開する「熱心党」という結社に属していた。ペルシャで殉教。

アルファイの子ヤコブ（小ヤコブ）

ゼベダイの子ヤコブと区別するために「小ヤコブ」と呼ばれる。エルサレムで殉教。

タダイ

本名タダイのユダ。「イスカリオテでないほうのユダ」とも記される。ペルシャで殉教。

ピリポ

イエスの教えに深く感動し、友人のバルトロマイも弟子入りさせたという。ヒエラポリスで殉教。

バルトロマイ

「ナタナエル」とも呼ばれる。アルメニアで生きたまま全身の皮を剝がれて殉教。

イスカリオテのユダ

十二使徒のなかでただひとり、ガリラヤ地方以外の出身。会計係を務めていた。銀貨30枚でイエスを敵方に売り渡し、裏切り者の代名詞となる。首吊り自殺。

はじめに

ヨーロッパ美術に触れるとき、日本人にとってもっとも理解しにくいのが宗教画ではないだろうか。

『旧約聖書』『新約聖書』の「約（＝契約の意）」を「訳」と誤読し、翻訳の古さ・新しさと思い込んだり、イエス・キリストを姓名と勘違いしたり（キリストは姓ではなく、「神に祝福された者＝救世主［＝メシア］」の意）。興味がないのだから仕方がないし、そもそも一神教の国々も「救世主イエス」の呼び方をめぐっては紛糾《ふんきゅう》している（ユダヤ教もイスラム教もイエスを神とは認めていない）。さらに言うなら同じキリスト教でもカトリックはマリアを聖母とみなすが、プロテスタントでは、「神の子」を産んだ人間の女と考える。

『新約聖書』の成り立ち自体、単純ではなく、四つの福音書《ふくいんしょ》（マタイ、マルコ、ルカ、ヨハネによるイエスの伝記）や、弟子たちの伝道の記録、パウロの手紙、黙示録《もくしろく》など、成立年代も筆者もばらばらな二十七文書の寄せ集めなので、内容に矛盾が少なくない。キリスト教研究者や信徒ならいざ知らず、素人《しろうと》には聖書が歯のたたない難物に感じられよう。

そこで、イエス・キリストのおおまかな生涯を知った上で西洋名画を楽しみたい——そう願う人のための、これは手引書を目指した。イエスに関する断片的な知識はあっても、どんな時代に生まれ、何をして、なぜ殺され、いつ復活したか流れが曖昧《あいまい》、という人を読者に想定している。

ただしあくまで絵画に描かれたイエスの一生であって、処女が妊娠するはずはないだの、死人が蘇《よみがえ》るのはナンセンスだのと、言ってみてもはじまらない。画家が聖書の記述どおりに描いたのは、心から奇蹟を信じていたからであり、また注文主のカトリック教会に大金を積まれたからであり、あるいは芸術家としての功名心やチャレンジ精神に燃えたからであり、はたまた画面にこっそり別の意味をしのばせたかったからなのだ。理由はどうあれ、ドラマティックなイエスの物語画は、独創的な表現に満ちた傑作・名作のオンパレードである。

まずは地中海周辺の地図を見てみよう。

イタリアは長靴そっくりの特異な形で目を引く。ちょうど膝あたりが首都ローマ。ここから紀元前八世紀に都市国家が生まれ、やがて強大な古代ローマ帝国へと発展して、最盛期（紀元前二七年からのほぼ百年間）には地中海沿岸をほぼぐるりと傘下《さんか》に

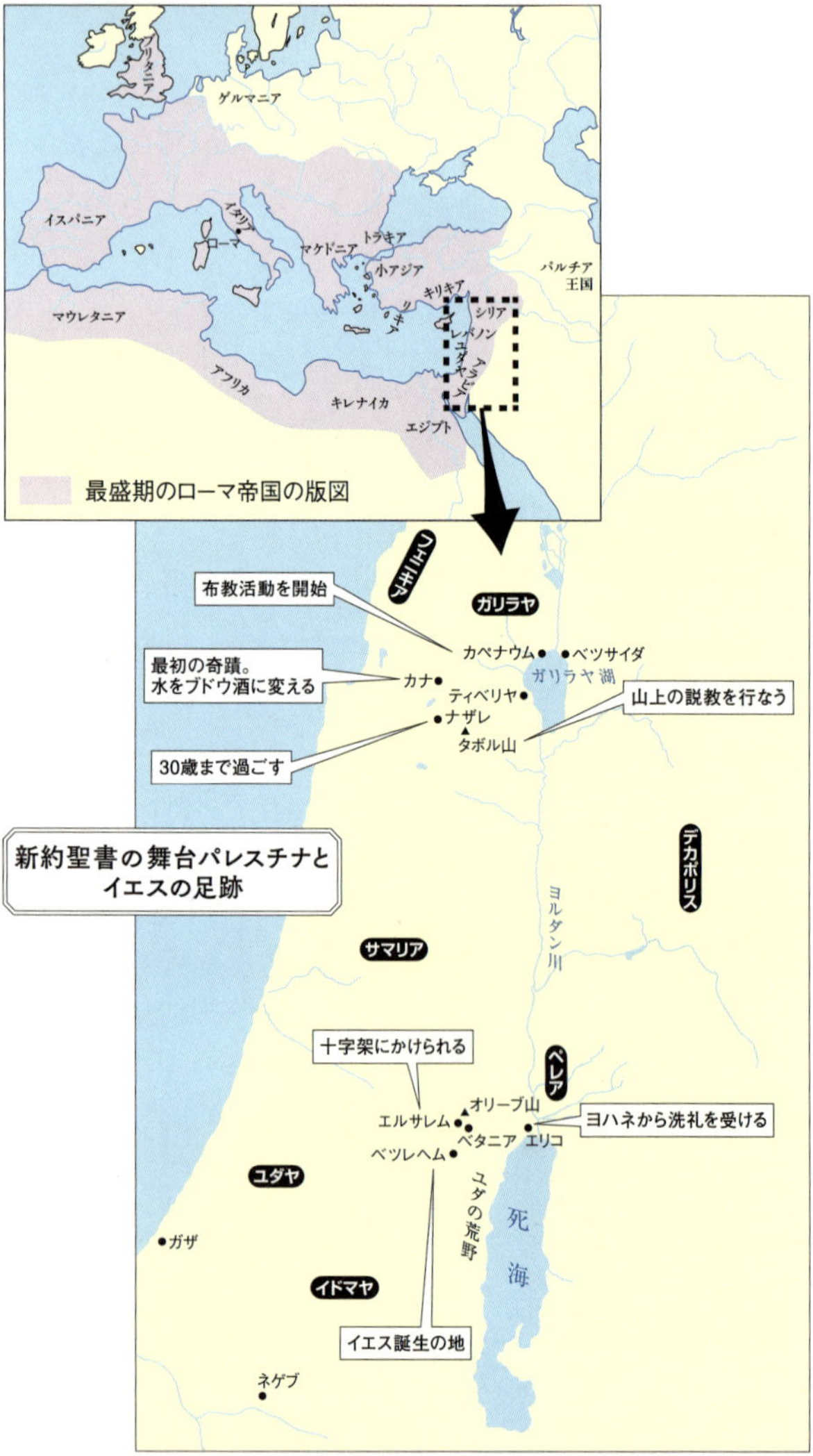
新約聖書の舞台パレスチナと
イエスの足跡
最盛期のローマ帝国の版図
ブリタニア
ゲルマニア
イスパニア
イタリア
ローマ
マケドニア
トラキア
小アジア
パルチア
王国
キリキア
リキア
シリア
レバノン
ユダヤ
アラビア
マウレタニア
アフリカ
キレナイカ
エジプト
フェニキア
ガリラヤ
布教活動を開始
カペナウム
ベツサイダ
ガリラヤ湖
最初の奇蹟。
水をブドウ酒に変える
カナ
ティベリヤ
山上の説教を行なう
ナザレ
タボル山
30歳まで過ごす
デカポリス
ヨルダン川
サマリア
十字架にかけられる
ペレア
オリーブ山
エルサレム
ヨハネから洗礼を受ける
ベタニア
エリコ
ベツレヘム
ユダヤ
ユダの荒野
死海
ガザ
イドマヤ
イエス誕生の地
ネゲブ

おさめた。今のポルトガル、スペイン、フランス、クロアチア、アルバニア、ギリシャ、トルコ、イスラエル、さらにはイギリス、そしてエジプト、リビア、アルジェリア、モロッコにまたがる北アフリカ北部という、驚くべき広大な版図《はんと》である。イエスの生きた時代もそこに当てはまる。

「ナザレ人《びと》」を自称したイエスは、パレスチナ地域の現イスラエルで生まれた。地中海東端に位置し、北にレバノンとシリア、南にエジプト、東にヨルダンにはさまれた細長い国で、海岸線から四、五十キロのところをヨルダン川が南北に並走し、自然の国境線を引いている（周知のとおり、今や国際紛争地域のため国境は複雑）。イエスは三十歳ころ、このヨルダン川で洗礼者ヨハネから洗礼を受け、次いで、近くの「ユダの荒野《あらの》」において厳しい断食修行をおこなった。

川の両側はヨルダン渓谷で、近代の灌漑《かんがい》事業により豊かな田畑や果樹園に生まれ変わっているが、二千年前は荒地だった。もともと大規模な地殻変動で大地が移動して裂け、そこに川ができたという経緯だから標高が低く、川自体も蛇行が多すぎて船舶《せんぱく》は航行できない。昼夜の寒暖差は激しく、夏の三カ月は降水量がゼロ（これは現代も同じ）、土地は痩《や》せ、蚊が大量発生して周期的にマラリアが蔓延《まんえん》した。

ヨルダン川はゴラン高原などを水源に南へ流れてきて、まずガリラヤ湖（霞ヶ浦とほぼ同じ大きさ）を形成した。海面より二百メートルも低いこの湖は、東西に聳《そび》える頭の平らな禿山《はげやま》が烈風を吹き降ろすと、荒海のごとく波が逆巻《さかま》き、ふだんの穏やかな表情を一変させる。あたりは比較的緑が多いのに豊かになれなかったのは、当時の農法に問題があり、雑草が生い茂っていようと石地であろうとおかまいなしに種を蒔《ま》き、やみくもに鋤《すき》でおこす乱暴のせいで、実りが少なかったからと云われる。

聖母マリアの生まれ育ったナザレ村は湖から二十三キロほど西で、徒歩だと丸一日かかる。ここガリラヤ地方を中心に、イエスは布教活動を行なった。

ガリラヤ湖からおよそ百キロ、川はもうひとつの湖へ流れこむ。死海だ。大きさはガリラヤ湖の五倍以上、海抜もさらに低いマイナス四百十八メートル、世界でもっとも低地にある湖で、白亜紀《はくあき》には海だったため、淡水湖ではなく塩湖、しかも塩分濃度が異常に高く（海水の十倍にあたる三十パーセント）、魚は生息できず、人間も浮くことで知られる。イエスは水上歩行して弟子を驚かせたが、死海でならそれに近いことは不可能ではない。

死海の西二十キロほどのところに、イエス誕生の地ベツレヘム、その少し北には聖地エルサレムがあり、イエスはここで逮捕され、鞭《むち》打たれ、磔刑《たっけい》に処された。死海の南西部には「ネゲブ」と呼ばれる荒涼《こうりょう》たる砂漠が広がり、死海に魚が棲《す》めないように、人は住めない。

海岸から離れたパレスチナ内陸部の凄《すさ》まじさは、温暖な気候や水と緑の豊かな日本とは隔絶の感がある。樹木ひとつない山、水の一滴とてない干からびた大地、灼熱《しゃくねつ》の太陽、砂塵《さじん》を巻き上げて叩きつける風……周囲に自然の恵みがかくも少なければ、御《ご》神木《しんぼく》だの白蛇様《はくじゃさま》だのという多神教も生まれにくい。ユダヤ教の唯一神は、日本人の目には、ただただ人間を罰する怖ろしい存在に思えるが、それはこうした苛烈《かれつ》な風土が背景にあるからだろう。

イエス時代のユダヤ人たちは、こうした厳しい気候に加えて異民族からの圧政下にもあり、生きる意味すら見失いかけていた。先述したように、当時のパレスチナ一帯を牛耳《ぎゅうじ》っていたのはローマ帝国だが、実はそれより遥か昔、紀元前七二一年にはイスラエル北王国が、紀元前五八七年にはイスラエル南王国が滅ぼされており、以降、ペルシャ、エジプト、シリア、パルチアと――断続的に短期間、王国が回復したことはあったにせよ――他国の支配者による弾圧と搾取《さくしゅ》の両輪に轢《ひ》かれ続け、差別と貧困に喘《あえ》いできた。

ローマ帝国の統治の仕方は巧みだった。まずローマの属州シリアの領主にヘロデをつけ、その後、彼を支援してエルサレムを占領させてユダヤ王にする。ヘロデ（歴史的にはヘロデ大王と呼ばれる）の死後、王国を分割して息子たち（そのひとりが、イエスと直接関わったヘロデ・アンティパス）を領主につけ、完全なローマ帝国属州とする。したがってユダヤの地における最高権力者は、ローマ帝国から派遣されたローマ総督であり、その下に傀儡《かいらい》政権としてユダヤ領主がいるという図式だ。

たとえるなら、第二次世界大戦に負けた日本に軍用機で降り立ったマッカーサーが、戦後処理を終えた後もなおアメリカ総督として東京に常駐し、中国か韓国に住んでいた日系人を新たな天皇に据《す》えたようなもの。マッカーサーは自国の利益を第一に考え、集めた税金の半分くらいをせっせとアメリカへ送るし、新天皇はマッカーサーの顔色をうかがう一方、いつ日本人が反旗を翻《ひるがえ》すかわからないので、正統天皇を名乗りそうな者が出るたび殺しまくる……どれほどたまらない状況か、想像できよう。

パレスチナに住むユダヤ人、とりわけガリラヤ地方の貧しいユダヤ人は、時に激しい抵抗運動を起こしてローマに立ち向かった。だが圧倒的軍事力を誇る帝国の敵ではなく、反乱者はことごとく処刑されるというくり返しであった。せめて心の拠《よ》りどころを信仰に求めたくても、当時の二大宗派はその願いを汲《く》み取ってはくれない。つまり、エルサレムの神殿を管理していたサドカイ派（＝サドカイ人《びと》）は富裕な上流祭司階級だったから、貧民の困窮に関心は薄く、もうひとつのパリサイ派（＝パリサイ人）は――特権階級たるサドカイ人よりは庶民寄りとはいえ――完全な教条主義に凝《こ》り固まり、律法を忠実に守るよう厳命するばかりで、ただでさえ生きにくい人々の暮らしをいっそう辛《つら》いものにした。

この二大宗派はまた、後年、イエスの最大の敵となる。

聖書（今の『旧約聖書』）は救世主出現を約束していた。もちろんユダヤ人だけを救うメシアだ。人々は長い間それを待ち望んでいた。それこそ六百年も七百年も待ち続けた。

救世主の先触れとして預言者もあらわれると信じられ、自称他称の預言者やら救世主があちこちに出ては消えていった。ちなみに預言者とは、「予」言（未来を見通す）ではなく、神の言葉を「預《あず》」かって伝えるとの意である。この時代のユダヤ律法が、神の教えを説く者の条件を、背の高い屈強な男性と規定していたこと、また当時の人々が三十歳前後を理想年齢――もっとも強く美しく賢い年代と思われたらしい――としていたことから、洗礼者ヨハネもイエスもきっとそのような姿だったのであろう。

紀元の変わり目ころ（もちろん当時の人々は、紀元前［B.C.］とか紀元後［A.D.］という概念自体を知らない。これは後にイエス生誕を紀元一年と数えると決めてからの西暦）、天体の異常が頻繁に起こるようになった。人々は空を見上げ、今度こそほんとうに救世主があらわれるに違いないと、強く期待し始める。貧民階級ばかりでなく、パクス・ロマーナにうんざりしていた貴族階級や中産階級の間にも、その期待は拡がってゆく。

ナザレ村の乙女マリアを天使ガブリエルが訪れたのは、そんなころだった——。

第1章 幼子《おさなご》イエス

フラ・アンジェリコ
（1387/1400〜1455年）
『受胎告知』
（1430年代前半、フレスコ、ミラノ、
サンタ・マリア・デレ・グラツィエ修道院）

天使ガブリエルの受胎告知を、乙女マリアは静かに受け入れる。画面左後方には、楽園を追放されるアダムとイヴの姿。彼ら人類の祖が犯した罪は、マリアがこれから産む神の子イエスによって贖《あがな》われるのだ。

古代ユダヤでは、男子は十三歳、女子は十二歳になると、一人前の成人とみなされた。したがって多くは十代半ばまでに結婚した。大工のヨセフと婚約中のマリアも、おそらく十三歳から十五歳の間だったと思われる。

彼女の住むガリラヤ地方のナザレは、聖地エルサレムから遠く離れた山あいの僻村《へきそん》、というよりむしろ小さな集落だった。麦畑やオリーブ畑、牧羊地などが点在し、誰もがひとしなみに貧しく、生きるだけで精一杯、もちろんマリアも例外ではなかった。神は、しかしそんなマリアを選んだ。これまで幾世紀にもわたり、パレスチナには何百万ものユダヤ女性が生まれたはずなのに、そして中には富貴な身分の者、破格の教育を受けた者、他を圧する美貌の者などもいたはずなのに、神は、目立たぬ平凡な田舎娘マリアを選んだ。

——いや、どうしてマリアが平凡なわけがあろう？

マリアは選ばれるべくして選ばれた。彼女がいかに特別な存在か、それは受胎告知の場で証明される。

時は三月。春の初めとはいえ、日中の気温は二十度を超え、閉じた空間は暑いほどだ。マリアは部屋の片隅で、粗末な椅子に座って『イザヤ書』中、「見よ、乙女が身ごもりて男子を産む」の箇所を読み、物思いに耽《ふけ》っていた。するとこの世ならぬ世界が日常へ侵入してくる異様な気配があり、はっと顔をあげれば、あたりは神々しい光に満ち、はるかの高みから聖霊の真っ白な鳩が、矢のように飛来してマリアを貫いた。

それは目くるめく法悦の瞬間であったろうか、それとも髪の毛が逆立つほどの戦慄《せんりつ》だったか……。我に返れば、目の前には、虹色に輝く大きな翼をもつ天使ガブリエル。若々しい青年の姿形をとった眩《まば》ゆい天使は、「アヴェ・マリア（＝めでたし、マリア）」と呼びかけてひざまずくと、純潔の証の白百合《しらゆり》を一輪、差し出した。

「心いたく騒ぎ、斯《か》かる挨拶は如何《いか》なる事ぞと思ひ廻《めぐ》らす」マリアに対し、ガブリエルは神の御言葉《みことば》を仲介する。まさに衝撃的な告知で——あなたは神の恵みを受けた、すでに身ごもっているから、生まれてくる男児にはイエスと名づけよ、というのだ（イエスとは、ヘブライ語で「神は救いなり」の意、「イェーシュア［＝ヨシュア］」からきた、当時としてはありふれた名前）。

まだ幼さの残るマリアの頰《ほお》に、朱がさした。震えながら必死に天使へ訴える、「われ未だ人を知らぬに、如何にして此《こ》の事のあるべき」。処女の身なので妊娠はありえません、と。

これに対しガブリエルは、「至高者《いとたかきもの》」の力による受胎であり、生まれてくる子は

「神の子」なのだと説明する。ここにおいてマリアは、たった今読んだばかりの『イザヤ書』に書かれていた「乙女」とは、他ならぬ自分を指していたのだと豁然《かつぜん》と悟り、「われは主《しゆ》の婢女《はしため》なり。汝《なんぢ》の言《ことば》のごとく、我に成《な》れかし」と、全てを静かに受け入れた。天使と乙女は、両腕を胸の前で交差させ、互いに深く頭《こうべ》をたれて一礼した。ガブリエルは来た時と同じく、いつの間にやら消え去った。

——天の奇跡を信じるマリアの無垢《むく》と強い信仰心、そして精神の強靭《きようじん》さがうかがえるシーンだ。当時、姦淫《かんいん》した女は人々から石でめった打ちされ、惨殺されるのが慣例だった。許婚《いいなずけ》がいるのに未婚のまま子を孕《はら》んだとなれば、姦淫とみなされ、処罰の危険がある。それを承知の上で神の意志に黙って従うのは、並みの女性にはとうていできるものではない。

何より、生まれてくるのが神の子なら、我が子であって我が子でない。どれほど慈《いつく》しんで育てようと、いずれは「わが母とは誰《たれ》ぞ」と言われるのも覚悟せねばなるまい。さらに辛いのは——もうすでにマリアは知ってしまったのだった——イエスが現世で「犠牲の仔羊」となる定めだということ、母子とも世俗的な幸せは諦《あきら》めねばならぬこと、愛しい息子が荊《いばら》の道を歩むのを、ただ血の涙を流しながら見守るしかないことを。

選ばれし者の恍惚《こうこつ》と不安、などという生易《なまやさ》しいものではなかった。恍惚どころか、圧倒的な不安と恐怖の克服、そして壮絶な覚悟が必要だったはずだ。それを若いマリアは——いや、若いからこそできたのかもしれない——ほとんど瞬時にやってのけた。絶対的信仰を持つ者だけに可能な腹のくくり方で。

ラファエロ・サンツィオ
(1483〜1520年)
『聖母の結婚』
(1504年、ミラノ、ブレラ美術館)

これこそが神に選ばれた理由とわかる。

絵画におけるマリアの衣装が、彼女の聖性を示す。殉教、即ち犠牲の血（ないし深い愛）をあらわす赤い服と、天の真実をあらわす青いマントがそれだ。ただし実際の彼女は、近所の誰かれと同じように、白い粗布を身にまとっていたであろうが。

許婚のヨセフは、この出来事をどう思ったか？

はじめは、ごくふつうの男の反応を示した。婚約者から突然妊娠を告げられ、それが「神の子」だと言われたところで納得はできない。ヨセフはいったんはマリアとの縁切りを決意する。しかし天使ガブリエルがヨセフのもとへもあらわれると（これは全く画家のイマジネーションを刺戟《しげき》しないらしく、名画には皆無）、養父としてイエスを育てることを承知する。

かくしてふたりはすぐ挙式したので、周囲にはマリアがヨセフの子を懐妊したと思われ、怪《あや》しまれることはなかった。結婚生活は、イエスの無事出産を第一義としたようで、聖書に曰《いわ》く、夫婦は「子の生《うま》るるまでは、相知《あいし》る事なかりき」。つまり清らかなままで過ごした。

やがて産み月の十二月がやってくるが、マリアは大きなお腹を抱え、ヨセフの故郷ベツレヘムへ行かねばならなくなる。というのも、このころローマ皇帝アウグストゥスが、帝国領土の人口調査との名目で、全住民に出生地での戸籍登録と納税を強制したからだ。ヨセフは臨月《りんげつ》のマリアをロバに乗せ、ナザレ村から数日かけて南下して行った。

ベツレヘムへ着いたのは、暮れも押し迫った二十四日（これが後世、クリスマス・イブとして祝われる）。小さなこの町は、彼ら同様、遠方から戸籍登録しに来た人々であふれ、どの宿も満員で部屋の空《あ》きはなかった。最後に訪れた町外れの宿の主人が身《み》重《おも》のマリアに同情し、廏《うまや》を貸してくれたおかげで、ようやく身体を休めることができた（当時の廏は洞窟をそのまま利用する場合も多く、絵画に洞窟内の降誕《こうたん》シーンが描かれるのはそのため）。

翌朝マリアは、家畜用の藁《わら》の上で出産する。天使ガブリエルの告知どおり、生まれたのは男児だった。アダムとイヴ以来の罪深い人類を救うため、この世に降りてきてくださった神の子は、貧しく暗く汚い廏で産声《うぶごえ》を上げたのだ。揺りかご代わりの飼葉桶《おけ》の中に寝かせ、マリアは幼子《おさなご》に向かって両手を合わせた。

これより少し前、東方の三博士が天文現象から御子《みこ》誕生を知り、賑々《にぎにぎ》しく従者らを引き連れ、贈答品を持ってパレスチナを目指していた。彼らは占星術師（＝マギ）にして祭司だが、現代の星占いとは違い、このころの占星術師は最先端の科学者なので身分は高く、天体観測による農業への貢献や、異常気象の予報などでも人々の尊敬を集めていた。

このキャラバンがエルサレムに到着したのは、年もあらたまって数日後のことだ。東方の先進国からの高貴な訪問者というので、さっそくヘロデ大王の宮殿へ招かれた。三博士はパレスチナの政治状況に疎《うと》かったらしく、よりにもよって、ヘロデに直接こう聞いた、「ユダヤ人《びと》の王とて生《うま》れ給《たま》へる者は、何処《いずこ》に在《いま》すか。我ら東にてその星を見たれば、拝せんために来《きた》れり」。

大王の驚くまいことか。なにしろ彼はローマ帝国からユダヤ王を名乗ることを許されてはいたが、もともとはセム系民族のエドム人で、いわばユダヤ人の傍流《ぼうりゅう》でしかなく、人々の不満や反抗心を抑えるのに苦労しどおしだった。そのため鞭《むち》（弾圧）と飴《あめ》（エルサレム神殿の大改築）を使い分けて三十年以上統治し続けてきたわけで、このころは最晩年にあたり、後継者問題で悩んでいた。そこへ「新しいユダヤ人《びと》の王」などと聞かされては、過剰反応せざるをえない。

とはいえ老獪《ろうかい》なヘロデはそれをおくびにも出さず、祭司長や学者を集めて、救世主

（＝キリスト）の生まれる場所を質《ただ》した。聖書の記述によれば、ダヴィデの町ベツレヘムだという。大王は三博士にこれを伝えるとともに、次のように頼んだ、もしベツレヘムでその御子を見つけたら、すぐ知らせてほしい、自分も拝みに行きたいから、と。もちろん強敵になりかねない未来の王など、生かしておく気はない。すでにヘロデは

アルブレヒト・デューラー
（1471〜1528年）
『東方三博士の礼拝』
（1504年、フィレンツェ、ウフィツィ美術館）

ユダヤ人だった前妻や、彼女との間に生まれたふたりの息子まで殺していた。頭にあるのは自らの王朝を、セム族としての血で繋《つな》ぐことだけだ。

何も知らない博士たちはヘロデ大王に礼を述べ、帰途またエルサレムに立ち寄る約束を交わし、十キロ南のベツレヘムへとラクダを進めた。不思議なことに、東方で見たのと同じ星（ハレー彗星《すいせい》とされる）が再び空にあらわれ、キャラバンをまっすぐ宿の廏へ導くと、その上にとどまり、ひときわ輝きを増した。

そこはロバや牛の糞尿の臭気漂う、狭く薄暗い不潔な廏だったが、聖母子は何ものにも穢《けが》されることなく、全てを超越して座っていた。母の胸に抱かれた赤子は、ただの人間の子ではない明らかなしるしとして、聖なる光を発している。三人の偉い学者たちは思わず駆け寄り、神の子の前にひれ伏して拝んだ。

華やかな異国の人々のこの突然の登場にも、マリアは少しもあわてず（何しろすでに天使ガブリエルの来訪さえ受けた身だ）、彼らの挨拶に応《こた》えた。

ヨセフは？

マリアの夫でありイエスの養父なのだから、当然、彼もちゃんとその場にいた。けれど相変わらず影の薄いヨセフは、ここでも背景の家畜より目立たず、誰からも注目されずに終わる。

拝跪《はいき》後、博士たちは幼子に三つの貴重な贈り物を献じた。神の国の栄光を示す「黄金」と、神性の証たる「乳香《にゅうこう》」、そして受難を予告する「没薬《もつやく》」である。乳香は珍しい香木《こうぼく》から採取した樹脂を乾燥させたもので、香りを楽しむとともに頭痛薬にもなり、生贄《いけにえ》の動物の頭にふりかける宗教行事にも使われた。没薬はカンラン科の低木から採《と》られ、聖油として、また遺体の防腐剤として用いられる。一種の麻痺作用があるため、処刑される者へワインに混ぜて飲ませたりもした（イエスも十字架を背負わされ町を引き回された時、その飲み物を勧められることになる）。

東方からの一行が幼子に拝したこの一月六日は、今も「御公現《ごこうげん》の日」として祝われている。人として生まれたイエスが、初めて公に神性を示した日だからだ。

こうして旅の目的を遂げた博士たちは、ヘロデ大王との約束どおり、帰りにエルサレムを再訪し、幼子のことを伝えるつもりでいた。ところがその夜、夢で「ヘロデの許《もと》に返るな」との御告げがあったため、別ルートを辿《たど》り、逃げるように東方へ帰ってしまう。

一方、待てども待てども三博士がもどって来ないのを不審に思った大王は、すぐ使いの者を調べにやり、キャラバンがとうにベツレヘムを出立したのを知る。「ここにへロデ、博士たちに賺《すか》されたりと悟りて、甚《はなは》だしく憤《いきど》ほり」、救世主誕生はほんとうだったのかもしれない、そしてその子が自分の王朝を脅《おびや》かすに違いない、と疑心暗鬼にとらわれたあげく、恐るべき命令を発した——ベツレヘムとその近隣の、二歳以下の男児ひとり残らず殺し尽くせ！

ものものしい軍団が編制された。長槍と剣で武装した屈強な兵士らが、いくつもの分隊に分かれ、明け方、町や村を包囲する。まずは誰も逃がさぬよう、街道も裏道も全てに槍衾《やりぶすま》を立て、それから各隊、組織だった動きで人々の寝込みを襲う。

家の戸を叩《たた》き、何ごとかと住人が開けたところをすかさず押し入り、小さな子を捜す。狭い家だからすぐ見つかる。たいていは寝床でぐっすり眠っているか、母親の乳を吸っているので、荒々しく服を引きはがし、男児と見るやその場で刺し殺す、あるいはひっさらって外へ連れ出し、数人集めては槍で突き殺す。

血潮が地面に広がるにつれ、阿鼻叫喚《あびきょうかん》も拡がってゆく。子どもたちの甲高《かんだか》い泣き声、母たちの絶望的な悲鳴、父たちの無力な呻《うめ》き声、さらには不穏《ふおん》さに感染したロバや犬、空を飛ぶ鳥までもが狂ったように鳴きだし、町は完全に目を覚ます。

またも戦乱の悪夢だろうか、外を見た住民は凍りつく。いや、外国軍ではない、へロデ軍だ、しかもふつうなら真っ先に殺すはずの大人の男たちは相手にせず、なぜか

ニコラ・プッサン
（1594〜1665年）
『嬰児虐殺』
（1628〜29年頃、シャンティイ、コンデ美術館）

子どもばかりを血祭りにあげている。ころげるように家から出て、子を抱きしめたまま走りだす母に、兵士はすぐ追いつき、泣き叫ぶ彼女を蹴倒《けたお》すなり、無防備な子どもの腹を踏みつけ、剣を振り上げ、振り下ろす。

小さな子を持つ家はパニックになる。父や祖父は中から戸を押さえ、母は子を甕《かめ》や藁束《わらたば》の中にもぐりこませる。しかし武器を持つ軍に対し、そんなことでは蟷螂《とうろう》の斧《おの》にすらならない。戸は破られ、父は殴られ、母は突き飛ばされ、子は引きずり出される。混乱に乗じて家畜小屋や洞窟の奥へ逃げた子どもたちも、たちまち見つかって殺された。隠れるところなどなきに等しい。鬼の一人勝ちのかくれんぼなのだ。

兵士らに、どうして子どもの年齢の区別ができようか。命令は「二歳以下の男児の抹殺《まっさつ》」だったが、二歳も三歳も四歳も見分けなどつかない。ええい、めんどうだ、こいつも、こいつも。そのうち男児と女児をいちいち調べるのさえ煩《わずら》わしくなるし、死にもの狂いで子を守ろうと懐《ふところ》深く抱いて放そうとしない母親は、子もろとも刺し殺したほうが早いとわかる。死にたいなら、おまえも死ね。

大の男が、いたいけな幼児を虐殺する。それは次第に彼らの間に、異様な興奮をもたらしたであろう。

地獄の朝が明けたとき、ベツレヘムの空にもう星は輝いていなかった。

聖家族がこの惨劇を免《まぬが》れ得たのは、東方の三博士と同じく、夢のお告げのおかげだ。神の御使いがヨセフの夢にあらわれて、こう言った、「エジプトに逃れ、わが告ぐるまで彼処《かしこ》に留《とどま》れ」。

ヨセフは真夜中のうちに、マリアと幼子をロバに乗せ、旅立った。エジプトは千キロも先だが、そこはヘロデ大王の勢力の及ばぬ地であり、おおぜいのユダヤ人の避難先でもあった。三人は二年ほどエジプトに住んだ後、ヘロデの死の知らせを受けて、再びガリラヤのナザレにもどった。

第2章

洗礼

ジョルジュ・ド・ラ・トゥール
（1593〜1652年）

『大工の聖ヨセフ』

（1640年頃、油彩 カンヴァス、
137×101cm、パリ、ルーヴル美術館）

養父である大工ヨセフが少年イエスに仕事の手ほどきをするシーン。血のつながりはなくとも、父子が互いに信頼を寄せ合っていたのが伝わってくる。蠟燭《ろうそく》の炎を受けたイエスの左手の、光に透《す》けた描写が秀逸。

三十三年にわたりローマ帝国と友好関係を維持《いじ》してきたヘロデ大王が死ぬと、求心力を失った王国は分割され、大王の三人の息子にそれぞれ領地統治権が与えられた。ヘロデ・アルケラオスが、エルサレムや死海を含む中心部ユダヤ及びサマリアとイドマヤを、ヘロデ・フィリポがイトラヤとトラコンを、そしてヘロデ・アンティパスがガリラヤとペレアを。

だが彼らはもはや「王」と名のることを許されず、以前より締めつけを強めるローマのもと、単なる領主の地位へ格下げされた。三人とも父王と同じヘロデの名をもらいながら、器の大きさは比較にならず、己の保身に汲々《きゆうきゆう》とするばかりの小者《こもの》ぞろいであった。

ヨセフが妻子とともにエジプトからもどって数年後、ローマ帝国はヘロデ・アルケラオスをガリア（現フランスだが、当時の感覚では地の果てともいうべき辺境）へ追放し、彼の領地をエルサレムもろともローマ直轄領《ちよつかつりよう》としてしまう。アルケラオスが住民の不満を抑えるのに失敗したというのが理由だった。この措置《そち》は他のふたりの兄弟、とりわけヘロデ・アンティパスを震えあがらせ、いっそうの迎合《げいごう》主義に走らせた。

紀元一四年、ローマ皇帝がアウグストゥスからティベリウスへ代わると、ヘロデ・

アンティパスはさっそくガリラヤ湖西岸の避寒地にローマ風の町——今で言えば高級別荘地——を建設し、新皇帝ティベリウスにちなんでティベリヤと名づけた。その町で彼はローマの高官を接待したり、取り巻き連たる富裕貴族と贅沢三昧《ぜいたくざんまい》に耽《ふけ》り、民衆の暮らしからますます乖離《かいり》してゆく。

後年、イエスはガリラヤを中心に布教活動を行なうようになるが、このティベリヤの町へは一度も足を踏み入れなかった。

——聖家族がエジプトを後にしたのは、イエス二歳ころ。来た時と同じように、イエスを抱いたマリアがロバに乗り、ヨセフが綱を引く。大工道具をかついだヨセフは、途中ところどころで、屋根を直したり板を削《けず》ったりの手間仕事を請け負い、長い道のりの路銀を稼いだ。

ヘロデ大王亡き後のパレスチナは、以前より住みやすくなっているだろうか、ローマ帝国の圧政をはねかえす新ユダヤ王が玉座についたろうか、あれこれ想像をめぐらしながら、ようやくエルサレムに近づいてみれば、街道の向こうは十字架の乱立。死体は下ろされもせず、カラスの群れるまま放置されている。磔刑《たっけい》は政治犯や重罪人に対する、もっとも苦痛の大きいローマ式処刑方法だ。帝国に歯向かって敗れた者たちが、こうして死後なお見せしめにあっているのは、事態が悪化している何よりの証拠だった。

久しぶりに見る母国の風景が、砂塵《さじん》舞う赤茶けた大地に屹立《きつりつ》するそれら凄惨《せいさん》な十字架群だということに、夫婦の胸は塞《ふさ》いだ。マリアは死体を見せまいとマントで幼児をすっぽり覆《おお》い、ヨセフもロバを急がせ、黙々と北を目指した。エルサレムに住むつもりでいたけれど、危険を感じ、マリアの故郷ナザレに落ち着く。

ナザレでヨセフは、これまでどおり大工を続けた。店を構えたわけではない。そもそも「ナザレに良きもの無し」と言われるほど極貧の集落に、家を建てるような大きな仕事はそうそうはない。ヨセフは日雇い労働者として、呼ばれれば出向き、呼ばれなくとも近隣の町村を道具を担いで巡回し、どんな細工仕事も選ばず働いて妻子を養った。

貧しさが身体の芯まで染み込む日々の中、イエスは成長していった。おそらく他の大工の息子と同じく、小さなころから父を手伝い、仕事を教わったと思われる。やがては大工のしるしの木片を服に付け、鋸《のこぎり》だの槌《つち》だのを持ってヨセフといっしょに働きに出もしただろう。ふつうの子と比べて特に目立つ存在ではなかったようだ。ただ十二歳のときの、神童ぶりを示すエピソードがぽつんとひとつだけ残されている。過《す》ぎ越祭《こしのまつり》に親子三人でエルサレムへ詣《もう》でた際、少年は群集に取り囲まれながら学者連と議論し、相手をやりこめたというのだ。かといって、そのあと何かが変わったわけでもなく、聖書はそれ以上少年イエスについても青年イエスについても記していない。

ミケランジェロ・ブオナローティ
（1475〜1564年）
『聖家族と幼い洗礼者ヨハネ』
（1506〜08年頃、フィレンツェ、ウフィツィ美術館）

イエスは母から「神の子」であると聞かされていたのだろうか？　わからない。仮に聞かされていたとしても、信じたかどうか、それもわからない。

ヨセフは、イエスが十九歳ころに亡くなったとされる。ひっそりした退場の仕方で、「父は永遠に悲壮である」（萩原朔太郎）との言葉が、この養父ほどあてはまる例はないのではないか。絵画に描かれた多くのヨセフ像が、鬱々《うつうつ》たる表情を浮かべているのも当然といえよう。しかし彼はとにもかくにも聖母子の命を救い、生ある限りふたりを庇護《ひご》し続けた。その功績、大として、後世に聖人化されると、絵の中のヨセフも次第に威厳を帯びるようになる。

ヨセフ亡き後、長男イエスは家長として大工仕事に精を出したはずだ。しかし他に何をし、何を考えていたか、聖書はまるで語らない。そして次に登場するイエスは、いきなり三十歳の出家者である。過越祭から数えても二十年近くたち、その間の消息は不明。まるで地中にもぐっていたかのようだ、セミのように。土の下に長く黙してひそみ、突如として羽化《うか》するや、幼虫とは全く別の姿に変態し、短い残りの生を飛びまわって、啼《な》き続けるセミのように——。

当時の三十歳は現代の三十歳とは違う。結婚適齢期は十五歳だったし、平均寿命も恐ろしく短いので、三十歳は青年というより壮年《そうねん》に近い。今の感覚なら、社会を牽引《けんいん》する頼り甲斐ある逞《たくま》しい四十代半ばの男性、といったイメージだろう。そんな壮年のイエスは、長い雌伏《しふく》の時を経《へ》て、ついにこう考えた――このままではいけない。

パレスチナの政治経済は閉塞状況のまま、希望のかけらさえない年月の積み重ねであった。ローマ帝国とヘロデら傀儡《かいらい》政権に二重に毟《むし》り取られ、貧困者が這《は》い上がる術《すべ》はなく、いくつもの抵抗運動も実を結ばず、絶望は黒く淀《よど》むばかり。救世主到来への切ないまでの渇望が、人々を辛うじて生かしており、自称預言者や噂のメシアが出没するたび、皆どっと押し寄せてその説教に耳を傾けた。

けれどどの説教者も、次々に化けの皮が剝《は》がされてゆく。単に働き口がないため弁舌ひとつで稼ぐつもりだったり、宗教集団を作って他人をあやつるのが目的だったり、手品で奇蹟を見せる詐欺師だったり、はたまた精神のバランスを崩《くず》していたりと、とうてい解放への期待に適《かな》いそうもない。最初はこれぞ本物と持てはやされても、いつしか他の者に論破されたり飽きられたりして、新しい説教者と交代した。交代者はいくらでもいるので始末に悪い。

もとよりこの時代、政教分離の考えはない。神の教えは日常生活全てを律するとともに、政治の推進力そのものでもある。だからこそ民衆は異教国ローマの言いなりの現状に我慢ならないのだし、逆に領主やエルサレムの祭司長らは、反ローマ的動きに神経を尖《とが》らせる。自称預言者が有名になり、民衆への影響力が増して政権を揺さぶりそうだとなれば、ただちにユダヤの律法学者がやって来て論争をしかけた。これは名目上、ほんとうに神の声を預かる者かどうか確かめるためとしつつ、実情は、下手な動きをしたら異端者として処刑するぞとの脅しだったため、効き目は抜群だ。人気説教者たちはこっそり消えていった。

おかげでガリラヤの田舎まで評判が届く説教者は稀《まれ》だし、届いたころにはすでに本人がいなくなっている場合もよくある。そんな中、洗礼者ヨハネだけは別格だった。イエスがその名を耳にして以来、信奉者はいや増すばかりで、ナザレの住民の中にもわざわざ説教を聴きに行った者がいて、ヨハネについての話をしてくれた。それによれば、ヨハネはサドカイ派やパリサイ派が行なっていない「洗礼」という特別な儀式によって、人々に悔《く》い改めさせ、魂の救済を説くのだという。しかも洗礼はユダヤ人でなくとも施されるので、ユダヤ人のみ救われるという聖書の選民思想を超え、おおぜいの共感を呼んでいた。

洗礼を受けに来る人々は皆、ヨハネが救世主ならいいのにと思ったが、彼はそれをきっぱり否定し、「我は水にて汝《なんじ》らにバプテスマ（＝洗礼）を施す、されど我よりも能力《ちから》ある者きたらん、我はその鞋《くつ》の紐《ひも》を解くにも足らず」。

つまりヨハネは、まことの救世主がやがて現れること、自分はその先駆者にすぎないことを、公言していた。イエスは洗礼を受けようと決意する。死海北部、パレスチナ最古の町エリコ（＝ジェリコ）からほど遠くないヨルダン川のほとりで、ヨハネは洗礼式を行なっているという。三十歳のイエスは家を捨て、ただひとり、出発した。

「なんぢら悔《くい》改めよ、天国は近づきたり」。

聖なるヨルダン川の岸に立ち、洗礼者ヨハネは吠《ほ》えた。

ユダヤの不毛の荒野《あらの》で長年苦行《くぎょう》し、今なおそこに住まい、イナゴと野蜜《のみつ》を常食にするヨハネは、髭《ひげ》も髪も伸び放題、陽に焼けた身体は筋骨逞《たくま》しく、まさに野人そのもの。ラクダの毛織衣をまとい、腰に皮帯を巻き、葦《あし》の細長い茎で作った十字架を握っている。

洗礼を施してもらおうと、ヨルダン川流域やエルサレムから陸続と集まってきた人々は、彼の烈《はげ》しい説教を聴き、『イザヤ書』の予言を思い起こしていた——「荒野に呼《よば》はる者の声す。『主の道を備《そな》へ、その路《みち》すぢを直《なお》くせよ』」。

このヨハネ以外に、「荒野に呼はる者」などいようはずもない。彼こそ真の預言者だ。やっとここに本物があらわれた。神の御言葉《みことば》の正しい仲介者が、天国は近づいたと言うのだから、終末の時が迫っているに違いない。神による最後の審判に備えねばならない。自らの罪を告解し、ヨルダン川の水で身体の穢《けが》れを洗い流して地獄行きを免れ、天国への真っ直ぐな道筋を示してもらわねば。

人々は川岸に長蛇の列を作り、ひとりずつ順番に衣を脱ぎ、下穿《したば》き姿で胸まで川へ身を沈めると、「盗みをしたことがあります」、「嘘をついたことがあります」と、それぞれの罪を告解した。ヨハネはそれを聴くと、貝の器で水をすくい、告解者の頭にふりかけて、短い儀式は終わる。単純で素朴なだけに、水によるこの浄《きよ》めの儀は、誰にも理解できたし安らぎも得られやすかった。社会の底辺で喘《あえ》ぐ人々にとって、現世はあまりに残酷で生きにくく、律法の正しい教えを守りたくとも全てはとても守れない。貧しさゆえに天国行きを阻《はば》まれていると感じる彼らは、聖水による死後の魂の救済、という教えにすがりついた。

洗礼式の評判は日ごと高まり、遠路はるばる家族連れでやって来る者も増えた。列に並ぶ者の数は毎日百人を下らなかったが、ヨハネは精力的に儀式をこなした。男も女も、老人も子どももいた。ユダヤ人もアラブ人もいた。兵士も病人も、時には富裕な商人までいた。たまにパリサイ人《びと》まで混じっていた。皆、黙々と列を作り、前の人が洗礼し終えるのを待ち、赤土に濁ったヨルダン川へ入ってくる。ヨハネはその鋭い眼光をひとりひとりの顔にひたと当て、告解を聴く。

無意識ながらヨハネは焦燥感にかられていた。説教が咆哮《ほうこう》のごとくになるのは、そのせいかもしれない。自分が、やがて来たる救世主の先駆者だとの自覚はあり、救世主出現はまもなくとの予感もあったが、しかしそれは自分の生きているうちだろうか、それとも死後なのか。会うことはできるのか。せめて一目なりと会いたい。まさかもう会っているのではないだろうか、己の目が節穴のせいで、気づかなかっただけではないか。ヨハネはそれを恐れた。見抜くことはできるのか。見抜く力が自分にはあるのか。洗礼を施しながら、彼は思った、今日来る人の中に、救世主はおられるかもしれない。あるいは明日、または明後日にも……。

「蝮《まむし》の裔《すえ》よ、誰《た》が汝らに、来らんとする御怒《みいかり》を避くべき事を示したるぞ」。ヨハネの言葉は、周りの峻烈《しゆんれつ》な自然そのままに厳しさを増した。

そんなある日、痩《や》せた男が静かに近づいてきた。痩せてはいるが、厳しい労働に鍛えぬかれた強靭《きようじん》な肉体の主だ。ヨハネと似たりよったりの年代で、黒い髪を真ん中から分けて肩まで伸ばし、面長な顔に口髭と顎鬚《あごひげ》を生《は》やしている。一見、どこにでもいる、三十がらみのユダヤの男だ。ありふれた男が、またひとり洗礼にあらわれた――常人の目には、そうとしか見えないだろう。

だがヨハネにはわかった。雷《かみなり》に打たれたようにわかった。見抜いたのではなく、わかった。自分が、いや、人々が、何百年も待ち続けたのはこの人だ。

そして目が合う。双眸《そうぼう》には、この世の人間にいったい可能だろうかと思うほどの、深い深い悲哀と愛があふれこぼれている。ヨハネは痺《しび》れたように立ちつくし、その人が川に身を浸《ひた》そうとするのを見て、ようやく我に返り、震える声で、「われは汝にバプテスマを受くべき者なるに、反《かえ》つて我に来り給《たま》ふか」。自分の方こそあなたから洗礼を受けるべきなのですから、おやめください、と止めた。

相手は静かに答えて曰く、「今は許せ、われら斯《か》く正しき事をことごとく為遂《しと》ぐるは当然なり」。こうすることが今は正しいのだと言われ、ヨハネは気を取り直し、他の人々にするのと同じように、器に水をくんで頭上にふりかけた。

その刹那《せつな》、青い空に亀裂が走り、聖霊の白い鳩が――マリアの受胎告知時と同様――まっすぐ地上へ降りてきて、ヨハネがかけた聖水と一体化した、と思うまもなく、その人の全身は眩《まばゆ》い金の光に包まれた。そこへ天から神の声が響く、「これは我が愛《いつく》

アンドレア・デル・ヴェロッキオ
（1435頃〜1488年）
一部レオナルド・ダ・ヴィンチ
（1452〜1519年）
『キリストの洗礼』
（1473〜78年頃、フィレンツェ、ウフィツィ美術館）

しむ子、わが悦ぶ者なり」。
ガリラヤの大工イエスが、神の子を自覚した瞬間である。

第3章

荒野の修行

イワン・クラムスコイ
（1837〜87年）
『荒野のイエス・キリスト』
（1872年、油彩 カンヴァス、180×210cm、モスクワ、トレチャコフ美術館）

ロシア人画家による人間的イエス像。寥々《りょうりょう》たる荒野の砂岩に、両手を固く握りしめて座るイエスは、神と無言の対話を交わしているところだ。悪魔を斥《しりぞ》けた後に違いない。地平線が仄明るさを増している。

ヨルダン川での三位一体《さんみいったい》（神と神の子と聖霊）の奇蹟は、イエスとヨハネの目にしか見えず、また彼らの耳にしか聞こえなかった。周りにいたおおぜいの人間にとっては、いつものヨハネがいつものごとく、自分らと同じ貧しい男に洗礼を施した一場面にすぎない。

——世界史を変える事件がすぐ目の前で起こっても、ふつうの人間がその重大性に気づくことはめったにない。ずっと後になって、ああ、もしかするとあれが転換点だったのかと、おぼろに感じるのがせいぜいであろう。かくも待ち焦がれた救世主があらわれ、天が裂け、聖霊が降り、神の声が響きわたっても、見ようとしなければ、知ろうとしなければ、見れども見えず、知ることもない。

ヨルダン川から上がったイエスはヨハネに、これからユダの荒野《あらの》で断食《だんじき》修行をする旨《むね》を伝え、立ち去った。神の教えを広める公的生活に入る準備という意味だ。ヨハネはその後ろ姿——誰もが着ているような、埃《ほこり》まみれの白いチュニックとマント姿——を、胸熱くして見送った後、前にも増して力強い声で人々に呼びかけた、「悔改めよ、悔改めよ」、洗礼は水中でいったん死ぬことである、それまでの罪深い自分は死に、悔悛《かいしゅん》した新しい自分となって、死後に来る「最後の審判」に備えるがいい。

イエスに洗礼を施した悦びは、だが胸の奥へ仕舞い込まざるを得ない。パレスチナを支配するローマ帝国が、ヘロデ大王の息子たちを傀儡《かいらい》領主に据えているからだ。彼らは父親の統治手法を踏襲《とうしゅう》し、救世主誕生を阻止するため、ベツレヘム近隣の幼児を皆殺しにしたのを是《ぜ》としていた。今ここにベツレヘム生まれのキリストが出現したなどと公表したが最後、イエスは命を狙われるだろう。ヨハネはイエスの苦難の旅を思いつつ、それでも現世での生のできる限り長からんことを祈った。

そのヨハネの命のほうが、だが先に奪われる運命だった。

この時代、政治と宗教は一体だ。エルサレム神殿やユダヤ評議会を支配していたのは、サドカイ派とパリサイ派だが、それはローマ帝国の後ろ盾《だて》あっての権力である。そのため二派は我が身可愛さから、民衆の反ローマ感情と独立運動に対し、常に警戒を怠らなかった。

当然、ヨハネのもとへも調査団を派遣している。派遣の理由は、表向き、ヨハネが救世主を詐称《さしょう》しているか否かの判定というもの。救世主、即ちユダヤの真の王、と考えられていたため、もし自らメシアと名乗ったとあらば現政権への反逆となり、評議会で処分を決めねばならないとの理屈だ。もちろん本当の目的はヨハネ抹殺《まっさつ》にあった。

彼を慕う弟子たち、また洗礼を受けにくる崇拝者の多くが現状に強い不満を抱いており、それが一大勢力となる前に中心人物を潰《つぶ》しておきたい。

査問を受けたヨハネは、あくまで自分は預言者にすぎず、ただの一度も救世主を自称したことなどないし、そう呼ばれたこともない、と正々堂々主張した。上級祭司たる祭司長らから成る調査団は、相手の失言を誘発しようとあれこれ論戦を挑《いど》んできたが、ヨハネのほうがはるかに上手《うわて》で、いっさい言質《げんち》を取られなかった。何の証拠も発見できず、やりこめられて面目を失した祭司たちは、とうとう諦《あきら》めて引き下がった。ただしこれで終わりではないだろう、また何度も来るに違いないと、ヨハネは覚悟していた。

イエスとの邂逅《かいこう》後まもなく、再びヨハネのもとへ権力者の手先があらわれた。予想と違って、新たな調査団ではなく、ヘロデ・アンティパスの武装兵団だった。彼らは祭司のようにうわべを取り繕《つくろ》うこともせず、領主の行為を批難した反逆罪だと通告するや、いきなり襲いかかってきた。豪胆なヨハネはヨルダン川の中で彼らと素手で殴りあい、おまえたちも洗礼を受けろと喚《わめ》きながら、手負《てお》いの野獣のように暴れ狂ったが、多勢に無勢、ついに捕縛《ほばく》され、マケロンテの砦《とりで》へ引っ立てられ、そこに古くからあった深い井戸に幽閉されてしまう。

もはやこれまで。釈明もできなければ裁判もない。助かる見込みは万にひとつもない。しかしイエス・キリストがこの世にあらわれ、洗礼を授けた限りは、もうこの命、惜しくはない。肉体は滅びても、魂は永遠だ。ヨハネに恐怖はなかった。肉体が奪われるまでは、戦い続けよう。

鎖につながれ、深い地の底に閉じ込められながら、彼はなお上へ向かって説教を轟《とどろ》かせた、蝮《まむし》の裔《すえ》よ、悔改めよ、神の怒りの日は近い、良き実を結ばぬ木は伐られて神の火に焼かれるぞ、と。野太い朗々たる声は、井戸口から噴火のように飛び出し、警護する兵や砦の住人たちに、いつしか熱心に耳傾けさせるほどだった。

ガリラヤ領主ヘロデ・アンティパスには、祭司長らと共通の不安以外にも、ヨハネを葬り去りたい個人的理由があった。このころ彼は正妻を追い出し、自分の兄嫁だったヘロディアと結婚していた。それをヨハネから激しく糾弾《きゅうだん》されていたのだ。ユダヤ律法では兄弟の妻を娶《めと》るのは近親姦《かん》であり、神に許されぬ悪業である、早く離婚して悔い改めよ——ヨハネは説教で必ずこの点を衝《つ》き、民衆の間に同調者を増やしていた。これにヘロディアが怒りを通り越して憎悪の虜《とりこ》となり、夫にヨハネ処刑をせっついた。

こうしてヨハネを逮捕、幽閉したものの、ヘロデ・アンティパスにはその先の勇気がなかなか出ない。始末したいのはやまやまだが、ヨハネが真の預言者だった場合を考えると怖ろしい。聖人を殺せば、最後の審判で地獄行きは必定《ひつじょう》だ（後年、イエスの噂を耳にしたとき、ヨハネが復活したのではないかと心底怯《おび》えたほどだった）。いくら愛妻に急《せ》かされても、臆病な彼はぬらりくらりとヨハネの処刑を先送りし、病気にでもなって獄死してくれればいいのだが、と思うばかりだった。

そんな放置状態のうちに、ヘロデ・アンティパスは誕生日を迎えた。領地の有力者や重臣を招き、例のごとくの享楽的祝宴が催される。大理石の床やどっしりした丸柱群といった贅沢《ぜいたく》なローマ風邸宅で、ふんだんに並べられた山海の珍味と美酒、焚《た》きしめられる芳《かんば》しい香料、竪琴《たてごと》や笛を奏でる楽隊、きらびやかに装った踊り手たち……日々の暮らしで精一杯の民衆には想像もつかない豪華な饗宴《きょうえん》が、夜を徹してくりひろげられた。

宴たけなわ、ヘロディアの連れ子が踊りだす。まだ大人になりきらない少女の身体はうっとりとやわらかく、楽の音に合わせて蛇のようにくねり、妖《あや》しく震え、悩ましく揺れ、居並ぶ人々の目と心を幻惑した。サロメの舞い。誰もが陶然となり、しばし余韻にひたった後、大きな喝采《かっさい》がわいた。

ヘロデ・アンティパスは満悦と酩酊《めいてい》にまかせ、義理の娘にこう言った、「何にても欲しく思ふものを求めよ、我あたへん」、さらに重ねて、「なんぢ求めば、我が国の半《なかば》までも与へん」。

美少女サロメは欲しいものを思いつかず、母に相談した。ヘロディアは、してやったりの凄絶《せいぜつ》な笑みを浮かべたことだろう、ヨハネの首を所望《しょもう》しなさいと、すかさず娘に耳打ちする。サロメはうなずく。もとより母娘とも、ヨハネを聖人とは思っていない。

「ねがはくは、バプテスマ(=洗礼者)のヨハネの首を盆に載せて速《すみや》かに賜《たま》はれ」――サロメの言葉に、ヘロデ・アンティパスの酔いはいっきに醒《さ》めはてた。我ながら、何たる約束をしたことか。周りの客人が事のなりゆきに耳そばだてているのを感じ、否《いな》の言葉を辛《かろ》うじて呑み込む。いったん誓った限りは、拒めまい。彼は衛兵を呼び、命令を伝えた。

広間にはもう音楽も笑いもなく、しんと静まりかえった重苦しい空気のもとで、刻《とき》が異常に引き延ばされてゆく気がする。やがて遠くから足音が聞こえてきた。ゆっくり大股で着実に近づいてくる。戸が開く。首斬り人だ。腰に血まみれの剣を下げ、大きな青銅の盆を掲げている。盆に盛られたのはヨハネの首。今にもまた目をカッと見開き、「悔改めよ」と叫びだしそうに思え、ヘロデは思わず後ずさる。

ルーカス・クラナッハ
（1472〜1553年）

『ヘロデの饗宴』
（1531年、ハートフォード、
ワズワース・アシニアム美術館）

盆はサロメに渡された。少女は重そうに両手で受けとり、母のところへ持ってゆき、酒のグラスや肉料理の並ぶテーブルへ置いた。ヘロディアがどんな表情で首実検するのか、ヘロデ・アンティパスは見るのが恐ろしくて、顔をそむけた。

偉大な預言者の殉教はたちまち世に知れ渡り、弟子たちが遺体を引き取りに来た。現在、ヨハネの首塚《くびづか》は、シリアの首都ダマスカスにある。

——これより少し前、イエスは孤独な修行をしていた。

古代の人々は、砂漠の荒野を悪魔の住み処《か》とみなし、隠遁《いんとん》者や修行者はここでさまざまな形の誘惑を受けると信じられた。逆に、だからこそイエスは荒野で自分を試そうとしたのだ。真に神の子たりえるかを、改めて自らに問うてみたかった。

ヨルダン川から遠くない「ユダの荒野」は、パレスチナでもとりわけ凄まじい場所で、我々がイメージする荒野とは全く違う。『嵐が丘』の、烈風吹きすさぶヒースの野を「荒涼」と形容するならば、ヒースすら茂ることのできない砂地の上に、ごろごろした石灰岩がころがり、水の一滴もなく、人間の弱い肉体を苛《さいな》む昼夜の激しい寒暖差、悪そのもののごとき闇——そんな場所を、いったいどう呼べばいいのだろう?

山もまた、日本のなだらかに放物線を描く緑の山とは別ものだ。まるで刀ですっぱり首を刎《は》ねたかのように上部が平らなうえ、縦も横も角ばり、目のまわる断崖絶壁を成す禿山《はげやま》のみ。おまけに危険な野生動物も多い。山犬、山猫、大型齧歯類《げっしるい》、毒蛇、毒蜘蛛《ぐも》、大蟻、サソリ、吸血コウモリ、大鷲《おおわし》……。それはもうほんとうに悪鬼しか棲み得ないほどの、情け容赦ない自然だった。

日中の暑さは地獄だが、夜の寒さと暗さはそれ以上である。真の闇は実体を持ち、圧倒的ボリュームで息の根を止めんばかりに迫りくるし、野獣の遠吠えは方々から響き、蛇やサソリはいつ襲ってくるかわからない。空の星だけが救いだ。星の光は天上への憧れを誘い、見る者に唯一神の存在を確信させた。地上が荒《すさ》みきっていればいるほど、星の輝きは救いを約束するものに思えた。

イエスは洞窟の中で、四十日間、断食と祈りを続けた。

四十は聖なる数であり、何かを為すための準備期間として必要な数とされていた。モーセもエリヤも四十日間荒野にこもったし、ノアの洪水も四十日続き、人が母の胎内にいるのは四十週と考えられた。イエスで言えば、復活後四十日間この世にとどまっていた。エルサレムの滅亡は、イエスの死の四十年後である。

その四十日四十夜の荒行《あらぎょう》で、イエスは飢餓と疲労の極限状態となる。悪魔《サタン》が目の前にあらわれたのはそんな時だ。精神も肉体ももっとも弱った時を狙ってやってきた。

どんな姿をしていたのだろう、悪魔は？

かつて天使でありながら神に背《そむ》き、「堕天使」となった悪魔は、天使のなごり、とはいえコウモリのような翼を持っていたろうか？　全身黒い毛でおおわれ、角《つの》と鉤爪《かぎづめ》と二つに割れた蹄《ひづめ》を持ち、尻尾をはやしていたろうか？

それともごくふつうの、老修道士に化けていたのだろうか？　穏やかで人の良さそうな笑顔で近づき、さりげない調子で話しかけてきたのだろうか？　しかしよくよく見れば、ずるそうな濁った目をして、僧服の間から、ちらりと鉤爪がのぞいていたろうか？　蛇を衣の奥に隠していたろうか？

悪魔の誘惑は狡猾《こうかつ》だった。人の弱みを突く誘いをたたみかけ、誘惑される側にとってはまさに試練そのものとなる。

空腹に苦しむイエスに悪魔は、「汝もし神の子ならば、命じて此等《これら》の石をパンと為《な》らしめよ」。そこにたくさんころがっている石をパンに変えればいいではないか、と。もしイエスがわずかでもその気になれば、悪魔自らが石をパンに変えるつもりだった。

これに対するイエスの答えが、有名な「人の生《い》くるはパンのみに由《よ》るにあらず」だ。この言葉は、そのあとに「神の口より出《い》づる凡《すべ》ての言《ことば》に由る」と続く。

次いで悪魔はイエスを聖都へ連れてゆき、神殿の端に立たせてこう言った、「汝もし神の子ならば己《おの》が身を下に投げよ」。飛び降りてみろ、神が救ってくれるかどうかわかるぞ、というのだ。

イエスは応じた、「主なる汝の神を試むべからず」。

悪魔は今度は高い山へイエスを運び、世の全ての栄華を見せて、「汝もし平伏《ひれふ》して我を拝せば、此等を皆なんぢに与へん」。自分の仲間になれば、地上の全権力をやろう。

イエスは声をふりしぼって命じた、「サタンよ、退《ひ》け」！

この瞬間、空気を引き裂く咆哮《ほうこう》とともに悪魔は消え、イエスは勝った。周りにはいつしか清らかな天使たちが舞い降りていた。

悪魔の三つの誘惑は、段階を踏んでいる。最初は空腹という生理的欲求に付け入るもので、常人ならここであっさり負けてしまいかねない。二つ目は、イエスに神の子たる証明をさせようという巧妙な罠《わな》だ。自惚《うぬぼ》れに負ければ、自分が特別な存在であることをひけらかしたくなる。だがイエスは虚栄心を封印し、神を試すことはしない、と見事に悪魔をやりこめた。

最後の誘惑は、本物の信仰を試すものだった。地上における満足をふり捨てても、なお天の国での幸福を選ぶ。それは内なる悪魔との壮絶な戦いだ。悪魔は自分の内に存在するのだ。そしてイエスは悪魔を追い出した。

痩《や》せさらばえ、ふらつきながらも、すがすがしい思いでイエスは荒野から下り、ヨルダン川へもどった。だがそこで知らされたのは、洗礼者ヨハネの逮捕。

ドゥッチョ・ディ・ブオニンセーニャ
（1255頃～1319年頃）
『山上の誘惑』
（1311年頃、ニューヨーク、フリックコレクション）

布教を急がねばならぬ、残された時間は短い——イエスはそう感じたであろう。

第4章

伝道

ミケランジェロ・メリージ・ダ・カラヴァッジョ
(1571〜1610年)

『聖マタイの召命』
(1598〜1601年頃、油彩 カンヴァス、322×340cm、ローマ、サン・ルイジ・デイ・フランチェージ聖堂)

徴税人マタイが金勘定している部屋へ、イエスがあらわれて召命した瞬間。画面右上から天の光が射し、イエスの右手がマタイを指さす。上部の窓枠がありありと十字架の形を成し、ドラマティックな効果を高める。

荒野《あらの》からもどったイエスは、洗礼者ヨハネの弟子たちとしばし行動を共にした。そのまま彼らのもとに残る選択肢《せんたくし》もありえたが、まもなくそこを去る。ヨハネが逮捕された今、彼が洗礼を施していたヨルダン川流域での布教活動は危険という理由もあるが、それよりむしろイエスは、ヨハネの教えに違和感を覚えるようになっていた。

神の国が近づいている、悔い改めよ、というところまではいい。だがヨハネは、神の怒りの凄《すさ》まじさを強調し、良き実を結ばねば神に焼き尽くされるぞと脅すばかりで、愛を説くことはなかった。これまでのユダヤ教どおり、神を「怒りと裁きの神」としか捉えていない。イエスは違う。彼は愛を説こうとした。神を「愛の神」として人々に伝えたかった。

ただでさえ生きにくいこの世で、地にへばりつくようにしてやっとの思いで息をしている貧しき者、苦しむ者を、さらに鞭打《むちう》つのが神の御心《みこころ》だろうか。病に倒れたのは、悪しきおまえへの神罰《しんばつ》だ、などとどうして言いきれよう。安息日《あんそくび》にも働かねば食べてゆけない者を、律法違反と咎《とが》めていいものか。人は律法のために生きているのではない。人のために律法はあるはずだ。経済的にも健康にも恵まれた者にしか守れない律法なら、そして神がそういう人しか救わないというのなら、もはやどこにも救済は無いということになるではないか……。

イエスは自分の想いを少しずつ語ってゆき、ヨハネの弟子たちの中に数人の賛同者を得た後、彼らを伴い、ついに旅立った。行き先は故郷ナザレのあるガリラヤ地方だ。聖都エルサレムから遠く、サマリアを隔ててはるか北にあるその地は、古くから異国との交流が多いため人種も雑多で、「異邦人の地域」と軽んじられ、反体制派の拠点でもあった。貧富の差の激しい、したがってまた自由への、救世主への渇望《かつぼう》の強い土地でもある。

イエスの、いわゆる「神の国運動」と呼ばれる伝導はわずか三年ほど。その大部分はガリラヤ湖北西部で展開されたし、弟子たちから選抜された十二使徒のうち、十一人までがガリラヤ出身者であった。ただひとり、イスカリオテのユダだけが、名前からわかるように――「イスカリオテ」とは「カリオテの人」の意――北部のガリラヤではなく南部のユダヤ地方カリオテ村の出身だった。後に銀貨三十枚でイエスを売ることになるユダ、使徒の中でももっとも有名で、イエスを語るには外せないユダ、そのユダがいつ弟子となり、なぜ使徒に選ばれたかは不明だが、イエスを含めたガリラヤ・グループの結束《けっそく》の固さにあって、ユダだけはどうしてもある程度浮いていただろうとは想像できる。

イエスは教えを説き、賛同者を増やしつつ、ヨルダン川沿いの九十キロの道のりを、ガリラヤ目指してゆっくり北上していった。

「なんぢら己《おの》がために財宝《たから》を天に積め」

「幸福《さいわい》なるかな、心の貧しき者。天国はその人のものなり」

「求めよ、さらば与《あた》へられん。尋《たず》ねよ、さらば見出さん」

「狭き門より入れ」

「明日のことを思ひ煩《わずら》ふな、明日は明日みづから思ひ煩はん。一日の苦労は一日にて足れり」

こうしてイエスは、ついにガリラヤ湖へ到達した。一帯は深いすり鉢状の地形なので、底にあたる湖畔は空気が濃く感じられるほどだ。これまでの乾燥した砂漠気候と違い、緑の豊かさ、景色の美しさに眼が洗われる思いがする。何よりこのあたりには花が咲いているのだった。アネモネ、アザミ、カミツレ、カラシ、ボリジ、コクリコなどがやさしく揺れている。

ガリラヤ湖は東西十二キロ、南北二十キロの淡水湖(当時はもっと大きかったかもしれない)、その形状から竪琴《たてごと》湖とも呼ばれていた。またヘロデ・アンティパスがローマ皇帝ティベリウスに阿諛迎合《あゆげいごう》し、西岸のもっとも風光明媚な場所に建設したティベリヤ（ユダヤ人は陰で「不浄の町」と呼んだ）にちなみ、ティベリヤ湖の異名もある。湖面はふだんは静かでも、山に囲まれているため、日が暮れて気温が一気に下がると、風が重い塊となって四方八方から襲いかかり、しばしば嵐の海と化す。魚は豊富で、オリーブ油漬けにしてローマまで輸出されていた。当時でも漁師たちの釣り舟が、大小取り混ぜて二百艘《そう》はあったと言われる。

ある日イエスは、岸辺で舟に乗るふたりの漁師を見かけた。彼らの何かに感じるものがあり、近づいてこう呼びかけた、「我に従ひきたれ、さらば汝らを人を漁《すなど》る者となさん」。

帰依者《きえしゃ》を集める伝道を、網で魚を獲るように「人を漁る」と表現したのだ。いかにもイエスらしい、魅力的な比喩である。これを聞いたふたりの反応も素早かった。漁師の命のはずの網をためらいなく捨て去り、即座にイエスに従った。イエスに従う――それはつまり、家族も財産も仕事もなげうち、無一物となって遍歴《へんれき》し、宣教という苦難の人生を歩むことだ。彼らは迷わなかった。そして最初の使徒となる。兄弟で、名はシモンとアンデレ。

後にイエスはシモンに、ペテロ（「岩」の意）という名を与える。岩の上へ教会を建て、「天国の鍵」を授けよう、と約束もした。シモン改めペテロは、イエス存命中は使徒たちのリーダーであり、イエス死後は最初のキリスト教団を設立し、敵地ローマへ乗り込んで宣教、けっきょく皇帝ネロによって逆さ磔《はりつけ》に処される。この殉教により聖人となり（十二使徒はユダ以外すべて聖人）、カトリックでは初代ローマ教皇とみなされている。ヴァチカンのサン・ピエトロ大聖堂は、聖ペテロの聖堂という意味だ。絵画においては、十字架に釘で打ち付けられる白髪の老人姿でよく描かれる。

こう書くと、ペテロはイエスの立派な一番弟子で、非の打ち所ない信仰者のように聞こえるかもしれない。だが彼は我々凡人とさして変わりなかった。使徒の中で、ペテロほど我々の共感を呼ぶ者はいない。彼はその心の弱さゆえに、ユダとはまた違う形ながら、やはりイエスを裏切るのだ。捕《と》らわれのイエスを助けようとするどころか、逃げ出し、あまつさえイエスなど知らないと三度まで否定する。イエス復活後さえ、キリスト教伝道に身を挺《てい》す覚悟をつけたと思ったそばから、やはりローマは怖くて逃げようとし、イエスの幻を見てやっと留まったほどだ。そんな意気地なしのペテロが、最後の最後には勇気をふりしぼり、殉教へとなだれ込んでゆく姿にこそ胸を打つものがある。

さて、イエスによる漁師兄弟の召命《しょうめい》（神の恵みによる呼び出し）は、その後もう一度リフレインされる。ヤコブとヨハネ兄弟が、父や雇用人とともに舟の中で網の修理中、イエスに声をかけられて弟子（後に使徒）になる。こちらの兄弟の家は人を雇うほどだから、ペテロ兄弟に比べ、いくぶん裕福だったのだろう。

いったいにイエスの弟子たちは貧しく、ろくに教育も受けておらず、社会の底辺の者がほとんどだ。十二使徒のうち五人までが、ガリラヤ湖で魚を獲る漁師だった（もうひとりはトマス）。また法廷で証人にもなれないほど社会的身分の低い羊飼いや、人々から蛇蝎《だかつ》のごとく憎まれていた徴税人《ちょうぜいにん》もいた。徴税人がなぜ嫌われていたかといえば、税金はほとんど占領国であるローマへ持ってゆかれるため、敵の手先とみなされたからだ。おまけに徴税人の中には血税の上前《うわまえ》をはねたり、金持ちどころか貧乏人にまで袖《そで》の下を要求したりと、私腹の肥やし放題の者もいた。民衆が彼らを泥棒扱いするのも無理はない。

にもかかわらずイエスは徴税人マタイを召命する。「我に従へ」。短いこの言葉ひとつで、収税所に座っていたマタイは立ち上がり、使徒のひとりとなった。この後、マタイの家で他の徴税人たちといっしょにイエスが食事していると、その地のパリサイ人が、どうしてこんな奴らと同席するのかと咎《とが》めた。イエスは答えて曰く、「健《すこ》やかなる者は医者を要せず、ただ、病《やまい》ある者これを要す」。さらに「我は正しき者を招かんとにあらで、罪人《つみびと》を招かんとて来れり」。

このマタイはイエスの死後、福音書を書き記す。新約聖書の第一にある『マタイ伝』がそれだ。ちなみに大ヤコブの弟ヨハネも福音書を書いており（『ヨハネ伝』）、洗礼者ヨハネと区別するため「福音記者ヨハネ」と呼ばれる。

ちなみに十二使徒は――ペテロ（＝シモン・ペテロ）、アンデレ、大ヤコブ、福音記者ヨハネ、ピリポ、バルトロマイ、トマス、マタイ、小ヤコブ、タダイ、シモン、ユダ。

イエスは彼ら使徒を伴い、舟でガリラヤ湖を渡ることが時々あった。ある夕刻、山下ろしの突風にみまわれ、舟はばらばらになるかというほど上下左右に激しく翻弄《ほんろう》され、大波をかぶって今にも沈みかけんばかり。漁師だった使徒でさえ死を覚悟するほどで、誰もかれもパニックを起こすなか、イエスひとり、艫《とも》のほうを枕に眠っていた。

起きてください、と揺り起こされたイエスは、悠然と「風をいましめ、海に言ひたまふ『黙《もだ》せ、鎮《しずま》れ』、乃《すなわ》ち風やみて、大《おおい》なる凪《なぎ》となりぬ」。まるでモーセかエリヤのように、自然現象までも制御したのである。それから、「なに故《ゆえ》かく臆するか、信仰なきは何ぞ」と弟子たちを叱った。

暴風のエピソードも、もう一度くり返される。明け方、弟子たちだけで舟に乗っていて高波に苦しめられていると、イエスが水上を歩いて近づいてきた。こんなことがありえようかと驚く皆の中で、ペテロは自分もイエスを信じて歩いてみようと、勇を鼓《こ》して舟べりから足を踏み出し、生まれて初めて歩く赤子のように一、二歩、水の上を進んだが、すぐさま恐怖にかられ、悲鳴をあげて沈みかけた。イエスは手をさしの

ギュスターヴ・ドレ
(1832〜1883年)
『イエス、水上を歩く』
(19世紀中頃、聖書の挿絵)

べて助け、「ああ信仰うすき者よ、何ぞ疑ふか」。

イエスを心から信じていれば、ペテロも水上を歩けたかもしれない。だがペテロはごく普通の人間の代表者だ。彼の情けない失敗は、ごく普通の人間がおかす、ごく普通の失敗に他ならない。そしてそれはイエスの超人ぶりを際立たせるというよりむしろ、真の信仰のいかに困難であるかを物語っていよう。


イエスは丘や川岸で、また時には乞《こ》われてシナゴーグ（ユダヤ教の会堂）や個人宅で、豊富な譬《たと》え話を引きながら、愛を、救済を、神の国を説いた。いま富んでいる者、満腹した者、笑っている者は災いだ、いま貧しい者、餓えている者、泣いている者にこそ天国は開かれている——その教えはまさに価値観の転換であった。これまでのどの預言者も語ったことのない、驚きに満ちた言葉だった。次第に足を止めて聞き入る人の数が増え、施与《せよ》も増え、弟子も増えてゆく。男尊女卑の厳しい時代にあって、福音書では数のうちに入れられていない女性たちも、少なくない人数がイエスに付き従った。

彼女たちもまた貧しく、不幸で、中には被差別階級の女性もいただろう。有名な「姦淫《かんいん》の女」のエピソードに出てくる女性も、どこかの時点からいっしょについてきていたかもしれない。それはこういう出来事だった——。

イエスが説法をしているところへ、厳格な律法遵守《じゅんしゅ》主義者のパリサイ人や学者たちが、ひとりの女性を引きずるように連れてきて言った、この女は姦淫の現場で捕まった、律法では石打ち刑だが、どうすればよいか？

女を許すと言えば、律法を守らぬ者として訴えることができるし、女を罰すれば、イエスを支持してきた人々の心は離れるに違いない。パリサイ派はイエスを絶体絶命へ追い込む最高のチャンスとみなし、勝ち誇って答えを迫った。イエスはどうしたか？

悄然《しょうぜん》と立ち尽くす女の周りに円を描くと、彼らに向かって静かにこう言った、あなたがたのうち、まず罪のない者がこの女に石を投げなさい。

さすがの律法学者たちもこれには絶句する。アダム以来、人間は原罪を抱えた存在として生を享《う》けたのであるから、誰にも自分の罪を否定できない。良心というものもある。彼らはうなだれ、ひとり、またひとりと、その場から離れていった。誰もいなくなると、イエスは女を、もう罪を犯さぬよう諭《さと》して去らせた。

この件は、イエス支持者にとっては痛快であっても、人々を抑圧することで益を得ている律法学者や祭司長らにとっては、歯噛《はが》みしたくなるほどの敗北だった。権威者というものは、恥をかかされた場合の怒りこそ何より凄まじい。彼らはイエスを憎悪し、危険人物として監視を強化してゆく。

イエスの声望は弥《いや》増していった。洗礼者ヨハネの首が刎《は》ねられたとの情報も届き、かつてヨハネに向いていた人々の期待も全てイエスへと振りかえられた。

レンブラント・ファン・レイン
（1606〜69年）
『イエスと姦淫の女』
（1644年、ロンドン、ナショナル・ギャラリー）

やがてイエスは自分を育《はぐく》んだ村ナザレへ帰ることにする。家を捨て、母を捨て、放蕩《ほうとう》息子のように出て行った身が、おおぜいの弟子を引き連れ、賛同者たちに取り囲まれながらナザレへもどるのだ。どんな反応が待つだろう？

予想以上に、故郷は冷たかった。とりわけ従兄弟たちがそうだった（イエスの代わりに母マリアの世話をしなければならなかったからだ）。イエスを幼いころから知っている村人にとって、彼は大工ヨセフの息子以外の何ものでもない。預言者だの救世主だのと余所者《よそ》からいくら崇《あが》められようと、彼らの目に映るイエスは、相変わらず大工道具をかついで家々を回り歩いていたころの貧しい男の姿そのままだった。そんな男の説法など戯言《ざれごと》にすぎず、むしろ頭がおかしくなっただけではないのか、悪魔に憑《つ》かれているのではないか、そう言う者さえ出る始末だ。

なぜ奇蹟を起こしてみせなかったのだろう？　他の地で幾度もおこなった奇蹟を、イエスは故郷では完全に封印している。そして、「預言者は己が郷《さと》にて喜ばるることなし」と、故郷で迫害された旧約聖書中のエリヤ物語を例にあげたため、いっそうナザレの人々を怒らせた。

どれほど彼らの怒りが理不尽きわまり、尋常《じんじょう》でなかったかは、イエスを村から追い出すだけではすまず、「山の崖に引き往《ゆ》きて、投げ落さんとせし」という物騒な行動にまで出たことからもわかる。ナザレでのこの怖ろしい迫害は、後年、興奮した群集が彼を十字架にかけろと喚《わめ》くことになるエルサレムでの、まるで予兆のようだった。

母マリアは？

彼女はイエスが、もはや自分の手から遠く離れたことを知っていた。帰郷した息子に会いに行ったとき、彼は言ったのだ、我が母とは誰ぞ、と。そして説教を聴いている人々を見回し、「誰にても神の御意《みこころ》を行ふもの」が、我が母であり、我が兄弟姉妹なのだ、と。

受胎告知の瞬間から、聖母はこの時を覚悟していた。救世主として生まれた息子《し》は、この世の母子関係という枠の外に出てしまっている。いわば公だけの者となり、私の部分は捨てられた。この世の母親が味わう喜びはもうどこにもない。

それでもマリアは、これ以降、イエスに付き従う女たちの中に混じって、最後の瞬間まで共に歩んでゆく。奇蹟の数々を目撃し、鞭《むち》打たれる姿も十字架を背負う姿も遠くから見つめ、ゴルゴタの丘まで行ってその死を見届ける。二度と母とは呼んでくれない息子のために、彼女はいつまでもどこまでもついていき、その苦しみを我が事のごとく味わった。彼女には強い信仰があり、自分の運命もイエスの運命も受け入れてはいた。受け入れてはいたが、しかし彼女の苦しみが母として我が子に寄せる苦しみでなかったと、いったい誰に言えるだろう。

第5章 奇蹟

コジモ・ロッセッリ、ピエロ・ディ・コジモ
(1439〜1507年)　(1462頃〜1521年)

『山上の垂訓《すいくん》』

(1480〜83年頃、フレスコ、349×570cm、
ヴァチカン、システィーナ礼拝堂)

これは異時同図法で描かれているため、イエスは3人いる。まず画面中央やや右寄りの奥からイエスが使徒らと近づいてきて、中央の一段高いところで説教し、次いで右前面で皮膚病患者を治す。老若男女さまざまな聴衆。

故郷ナザレ村での布教に失敗し、まさに石もて追われたイエスだが、再びガリラヤ湖畔にもどり、北西部の町カペナウム（＝カファルナウム）に拠点を置いてからの活動は目覚《めざ》ましい。独創的で魅力的な比喩を使った説教や数々の奇蹟によって民衆の心を捉《とら》え、イエス新教団とも呼ぶべき規模の弟子や支援者を集めている。現世的な意味でだけ言うなら、つまり人気の点でなら、このころがイエスと弟子たちの絶頂期であった。

イエスが行なった奇蹟のいくつかを見てゆこう。

カナという村で弟子の結婚式に招かれたイエスは、母マリアとともに宴席についた。洗礼者ヨハネがパンも食べずワインも飲まなかった（イナゴと野蜜《のみつ》だけ）のに対し、イエスは飲食の歓《よろこ》びを否定しない。気のおけない集まりなので楽しく食し、且《か》つ飲み、久しぶりにくつろいでいると、マリアがそっと耳打ちした、どうやらワインが足りないようだ、と。

田舎の結婚式は数日間続き、おおぜいの客をもてなすのが通例で、ふるまい酒をきらすのは招待者側の恥とされていた。マリアがイエスにこれを伝えたのは、彼にワインを買うだけのお金があると思ったからではなく、何らかの業《わざ》を為《な》してくれると信じたためかもしれない。イエスは六つの石甕《いしがめ》に水を満たすよう、その家の召使いに命じた。言われたとおりにすると、いつしか水は極上《ごくじよう》のワインに変わっていた。

これはイエスが公の場で初めて見せた奇蹟である。

似たような事例が、もう一つ。

イエスと少数の弟子が人里離れた場所にいると、それを聞きつけた人々が近隣から五千人以上も集まってきて、日暮れになっても帰らなかった。彼らに食べ物を用意してあげなさい、と弟子に命じたが、手元にはパンが五つと魚が二匹しかないという。イエスは少しもあわてず、そのわずかなパンと魚を割ったり裂いたりして、次々に与えていった。それだけでその場の全員が腹一杯となり、なお且《か》つ余りまで出たのであった。

——当時の民衆は、素朴に奇蹟を信じていた。各地でひっきりなしに預言者が生まれていたし、中には救世主と讃《たた》えられる者や魔術師などもいて、空中浮遊やら水上歩行、病の癒し、無から有を生み出すなど、さまざまな不可思議を現出させていた。多くは手品やトリックにより、見る者の目を巧みに眩《くら》まして金品を巻き上げる詐欺師である。それでもなお奇蹟自体はほんとうに起こるものとされ、律法学者でさえ奇蹟行為を非難することはなかった。

パオロ・ヴェロネーゼ
（1528〜88年）
『カナの婚礼』
（1562〜63年頃、パリ、ルーヴル美術館）

奇蹟の担《にな》い手が強く求められたのだ。何しろ貧困と弾圧がこの国を黒く塗りつぶしている。ひたすら祈り、救世主を求め続ける者、心が荒《すさ》み、石打ち刑の罪人に石をぶつけて殺すことで憂《う》さをはらす者、律法を守ることだけに汲々《きゅうきゅう》とする者、考える気力さえ残らぬほど働きづめの者もいれば、仕事がなくて空《す》き腹を抱え、うろつくばかりの者もいた。乞食はどんな狭い小路にも必ずいた。ローマ帝国からの独立を目指し、仲間を集めて計画を練《ね》ったり、実際に反乱を起こして処刑される者もいた。その誰しもに共通していたのは、娯楽の不足、芸術の欠如、生きる喜びの枯渇《こかつ》だ。

自由な恋愛もできず、博打《ばくち》は禁じられ、文字を習ったり学問する時間も術《すべ》もない。宗教から独立した科学的思考は異端である。食べ物の種類は少なく、景色はごく一部を除いて単調すぎ、峻烈《しゅんれつ》な美はあっても豊かな恵みをもたらす自然美は少ない。顔の化粧は許されたが、身を飾ったり、髪を編んだり巻いたりは禁止だった。男女で踊るダンスも小説もない。かろうじて音楽だけは生活に根ざしていたが、その他の芸術は全て宗教上の禁忌《きんき》――「刻んだ像を造ってはならない」――によって封印されたので、目を喜ばせる絵や彫像や壮麗な建築物はほとんどない。小さな子どもだけは泥人形を持てたが……。

必然的に、聖書物語を聴くこと、預言者を名乗る者の集会に行くことが、娯楽の代わりとなる。説教は比喩や象徴を駆使し、歌うように語られた。語りのうまさが、演説の巧みさが、声の良さが、人気預言者の条件だった。そしてそれにつながる奇蹟という名のサーカス。これがあることで、民衆は心を浮き立たせることができた。実際に奇蹟の場に居合わせなくともかまわない。見た人から話を聞き、想像を膨らませ、皆で議論することが、たいそうなエンターテインメントになる（概して誰もが話好きだった。女より男のほうがおしゃべりだった）。

イエスの行なう奇蹟は、その派手さにおいて傑出していた。悪鬼を瞬間移動させたり、腐った死体へ命を吹き込むのだから——。

あるとき異邦の地ガダラの町で、イエスは悪鬼に取り憑《つ》かれたふたりの男に出会う。墓から出てきたばかりというから、おそらくゾンビのような物凄まじい姿だったに違いない。道ゆく人は恐れをなして逃げまどうほどだ。ところがその男たちは、というより彼らに巣喰《すく》っている悪鬼どもは、逆にイエスを見て怯《おび》え、こう叫んだ、俺たちを苦しめるために来たんだな。

ちょうど向こうに飼育されている豚の群れが見え、悪鬼は言った、どうせ人間の体から逐《お》い出されるのなら、あの豚に憑かせてくれ。イエスは「ゆけ」！

たちまち豚の群れは狂乱状態となる。悪鬼が男たちから出て、この不浄の家畜（ユダヤ人は豚を食べない）に宿ったのだ。二千頭もの豚が断末魔なみの悲鳴をあげて逃げまどい、ついには押し合いへし合い、レミングの死の行進のように崖へ突進し、そのまま湖へなだれ落ちてことごとく溺れ死んでしまった。

単に悪鬼を追い払うだけではなく、その存在を、憑依《ひょうい》された豚の異常行動という形で見せつけることで、これまでにない驚愕《きょうがく》を生む。豚は現在の改良種より猪《いのしし》に近く、牙《きば》もあったはずで、それらがパニックを起こして狂い走る様《さま》は、どれほどショッキングだったか。目の当たりにした豚飼いが町中に事件を触れ回り、皆がイエスを見にやって来たというのも当然の成り行きだろう。

またこんなこともあった。

使徒たちと宣教の旅をゆくイエスのもとへ、熱心な支援者マルタとマリア姉妹から緊急の連絡が届き、弟ラザロが重病にかかったので診《み》てほしいという。急いで彼らの住むベタニアへ向かうが、徒歩なので日数がかかってしまい、着いたときにはもう、家に親類や近所の者たちおおぜいが集まり、死者を悼《いた》んでいる最中だった。

イエス一行が近づくのを見たマルタが駆け寄り、弟は四日前に亡くなりました、あなた様がそばにいらっしゃれば死ななかったのに、と泣く。イエスもラザロを可愛がっていたので、いっしょに涙を流しながら、大丈夫、ラザロはきっと蘇《よみがえ》る、と励ましたところ、彼女はそれを、死後に来る「最後の審判」での復活と勘違いする。イエスは否定し、そういう意味ではない、わたしを信じれば今この世で彼は生き返る、「汝《なんじ》これを信ずるか」と問うた。マルタは、「主よ然《しか》り、我なんぢは世に来るべきキリスト、神の子なりと信ず」。

ところがこのすぐ後、彼女がまだ心底からは信じていなかったことが露呈《ろてい》する。イエスが使徒や弔問客らとともに洞窟の墓へ行き、入り口の石をよけるよう伝えた時、マルタは思わず、炎暑の中すでに四日もたった遺体なので腐敗臭がひどくてだめです、と止めたのだ。これまでも幾度かイエスが死者を蘇らせてきたのを知らない彼女ではなかったが、それらはどれも死んでまもなくの、単に仮死状態だったかもしれぬ例であり、ラザロのように埋葬後これほど日をおいた場合は無理だと、どこかで諦《あきら》めていたのだろう。イエスは悲しげに、「われ汝に、もし信ぜば神の栄光を見んと言ひしにあらずや」。

奇蹟を行なう時イエスは、何よりもまず我を信ぜよ、信ずるからこそ奇蹟も起こるのだと、相手に念押しするのだった。唯一絶対神の分身たるイエス・キリストを、無条件に信じること――この信心と奇蹟はワンセットだ。神を信じるとは即ちイエスを信じることであり、イエスの名において奇蹟は起こる――そうした新しい信仰の形を、だが人々に受け入れさせるのはなかなか容易でない。

イエスは改めて墓場の石を除《の》けさせた。その瞬間、棺《ひつぎ》の中でラザロが息をふき返すのを感じ、天をあおいで神に感謝の言葉をささげた、「父よ、我にきき給《たま》ひしを謝す。常にきき給ふを我は知る」。わたしの願いを聞きとどけていただき、ありがとうござい

ヴィンセント・ヴァン・ゴッホ
（1853〜90年）
『ラザロの蘇生』
（1890年、アムステルダム、ゴッホ美術館）

ました、と。

それから中に向かい、大声で呼びかけた、「ラザロよ、出《い》で来《きた》れ」。

どのくらい時間がたったろう。不安と期待で身じろぎもできないでいる人々の耳に、洞窟の奥から大きな音が聞こえてきた。まぎれもなく棺の蓋《ふた》の落ちる音で、皆は思わず飛び上がる。さらにゆっくり時間が流れゆき、微《かす》かな足音が近づいてきて、とうとう死者が太陽の下に姿をあらわした。ユダヤの埋葬の仕方に従い、身体を布で巻かれ、顔も布で包まれたままである。イエスに命じられ、親戚のひとりが恐る恐る布を解いてやると、まだ肌は土気色《つちけいろ》ながら、生前と何ら変わらぬラザロその人が、長い眠りから醒《さ》めたように呆然とあたりを見回すのだった。どよめきの中、姉は弟を抱きしめた(伝承では、ラザロは後にキプロスの初代主教になったという)。

ラザロの蘇りは、イエスがこれまで行なってきたどの奇蹟よりも人々を震撼《しんかん》させた。なぜなら死者を生き返らせることのできるのは、神しかいない。イエスは神なのか?

そうだ、神なのだ、そう信じた人々がいる一方で、脅威を覚える者も少なくなかった。現体制を維持しようとする側だ。ローマを窺《うかが》いながらも政教を牛耳《ぎゅうじ》るサドカイ派祭司長たち、律法で庶民を縛るパリサイ派、大貴族、大土地所有者、そうした富と権力の側にとっては、神の領域に踏み込んでくる貧しい大工をこのまま放置してはおけない。ベタニアがエルサレムに近いのも不快の原因だった。方言しか話せぬ辺境の地ガリラヤで騒いでいるうちは大目に見てやっても、神殿のある聖地近くでふざけた真似《まね》をしたとあらば無視できない。威信に傷がつく。

彼らはイエス排除の具体的方策を探りはじめる。

実際のところ、おおぜいの人々がイエスを熱狂的に迎えたのは、死者を蘇らせたからでも、神の国の説教が感動的だったからでもない。すぐ目の前で、次々病人が治っていったからだ。福音書には、治癒活動が延《の》べ百十五話も記されている。イエスのもとへ集まった人の大半は、現実問題としての肉体的苦痛を除去してもらいたがった。

イエスは彼らのために、癒《いや》しの奇蹟を長く続ける。足萎《あしな》えを歩かせ、盲人に視力を取りもどし、生まれつき口のきけなかった者に声を出させ、水腫《すいしゅ》や熱病や中風や癲癇《てんかん》を治した。病人は嫌になるほど多い。過酷な環境での重労働、飢餓や栄養不良、医療技術の低さ、薬不足……いったん病に倒れれば、致命的になりがちだ。とりわけガリラヤのような下層民のふきだまりでは、結核や赤痢、マラリアといった感染症がすぐ蔓延《まんえん》した。湿度が低く、烈風で埃《ほこり》の舞い散る地なので、失明に至る眼病にも罹《かか》りやすい。出産死は稀《まれ》でなく、盲腸炎ですら死病である。

肉体ばかりではない。精神に異常をきたす者の数も計り知れなかった。「悪霊に取り憑かれた」と表現される例のほとんどは、そうした心因性の病と考えられる。食べるだけでやっとなのに、一日に守るべき宗教規定が何と六百以上も定められ、遵守《じゅんしゅ》しているかどうか厳しく監視される。現代人には想像もつかぬストレスだ。規定を記憶する能力のない者、守りたくても不可能な者、見張られる生活に怯《おび》える者……彼らの心は次第にひび割れてゆき、ついには破裂してしまう。

もっとも悲惨なのは、癩《らい》病や皮膚病など、見た目が変わる特定の病気の場合だった。そのような病に冒《おか》されるのは、その人に罪があるからと信じられ、「病人」として手当てされるのではなく、「罪人」として共同体から放逐《ほうちく》されるのだった。やむなく彼らは、荒野《あらの》で天幕を張ったり洞窟にひそみ、死んだも同然に残りわずかな日々を送るしかない。必死になってイエスのもとへあらわれたひとりの癩病者が、自分を「清く」してほしいとすがったのは、病人自らが自分を「穢《けが》れた」存在と信じ込まされていたことを示している。難病が治る、当時それは、神の赦《ゆる》しを意味した。

イエスの慈愛は限りなかった。ラザロの死に涙したように、イエスは苦しむ者の心に自然に寄り添った。彼らの苦しみを我がことと感じ、分け合った。そうせずにいられないのだ。苦しむ者を見たら助けずにおれない。助けられると知っていた。神の子たる自覚はすでにある。それでもなお、イエスが人を助ける時、助けようとする時、人々はそこに人間的な愛の側面を見た。親兄弟から見捨てられた病人、生きながらすでに死者の仲間入りを強要された人々も、イエスに触れてもらっただけで、自分がもはやひとりきりではないこと、この人から――仮にイエスが救世主ではないとしても――間違いなくこの人から愛されている、そう信じられた。

次から次へ途切れなく押し寄せる苦しみと痛みは、イエスの瞳を、以前にも増して深い悲哀で染め上げた。あまりに悲しく切なく、あまりに愛があふれたその眼に見つめられると、人々は癒されると同時に、イエスへの愛を抑えがたくなった。どこまでも自分を受け入れてくれるイエスの、その痩せた身体、こけた頰《ほお》、年より老けて見える顔が、痛ましく、また愛《いと》おしく感じられてくる。病気さえ治ればいい、ダメでもともとだと思ってやって来たパリサイ派や上層階級の間にも、心酔者は増えていった。

けれど医療行為や病人隔離には、エルサレムの神殿祭司団が深く関わっていたのだ。難病は罪の徴《しるし》という民衆の迷信を利用し、彼らは病因に宗教的意味を付与することで、贖罪《しよくざい》の儀式を独占的に行ない、自らの権威付けと収入源にしていた。イエスが眼病や水腫を治しているうちはまだいいが、罪の穢れの業病をも無料で治療したとなると、それは資格もないのに贖罪儀式をしたのと同じことになり、支配体制への反抗以外の何ものでもないとみなされた。

イエスは、病人を罪人とする理不尽はもちろん、祭司の贖罪儀式の欺瞞《ぎまん》に対しても怒りを覚えていた。癩病者を治した後、彼はこう言っている、「往きて己を祭司に見せ、モーセが命じたる供物《くもつ》を献《ささ》げて、人々に証《あかし》せよ」。儀式なしでも完治することを、祭司に見せて来い、皆に知らしめて来い、と言ったのだ。

支配者側のイエス憎しは、いよいよ募ってゆく。

第6章

女たち

ピーテル・パウル・ルーベンス
（1577〜1640年）

『パリサイ人シモン家の晩餐』

（1618〜20年頃、油彩 カンヴァス、189×284.5cm、サンクトペテルブルク、エルミタージュ美術館）

「罪ある女（＝娼婦）」がイエスの前に泣きながら跪《ひざまず》き、足に接吻して香油を塗る。イエスを食卓に招いた信奉者たちは、あからさまに渋い顔をする。だがイエスは言う、この深い愛の行為ゆえに女は赦《ゆる》された、と。

イエスは、極貧の者や虐《しいた》げられ差別されている者に、とりわけ愛を注ぎ、尊厳を取りもどさせようとした。そしてこの時代——いや、残念ながら後世まで延々続いてゆくのだが——もっとも蔑視《べっし》され軽んじられていたのは、女性たちであった。イエスは彼女らがこの世で受ける重圧が、決して神の御心《みこころ》ではないことを説き続ける。

弟子らを従えての伝道の途次、ナインの町の門から、侘《わび》しい葬列が出てくるところへ行きあわせた。雇われた「泣き女」たちのすすり泣きとフルートの調べが哀切《あいせつ》きわまりない。寡婦《かふ》が一人息子を亡くしたのだという。

「主、寡婦《やもめ》を見て憐《あわ》れみ、『泣くな』と言ひて、近より、棺《ひつぎ》に手をつけ給《たま》へば」、死んだはずの若者は生き返った。

さりげなく書かれた「憐れみ」という言葉に、当時の寡婦の置かれた状況が仄《ほの》めかされている。女性には生計をたてるだけの仕事がほとんどない社会だったから、働き手の男を失えば、親戚や近所の情けにすがって生きてゆく他ない。ナインのこの女性はすでに夫を亡くし、今また大事な一人息子を失い、最底辺へころがり落ちるのは必至だった。

そんな彼女に、イエスが母マリアの姿を重ねなかったはずがない。マリアは結婚後二十年足らずで夫ヨセフに先立たれ、さらにその十年後にはイエスにも去られた。イエスが故郷へもどった時、従兄弟や近所の者が彼に冷たかったのは、養うべき母親を自分たちへ押し付けたまま、勝手に出て行ったことへの腹立ちもあった。そしてそれはまた、イエスのいない間のマリアの辛《つら》い立場をも想起させた。

「長血《ながち》の女」のエピソードもよく知られている。「十二年血漏《ちろう》を患《わずら》ひたる」というので、子宮筋腫《きんしゅ》ないし血友病の類《たぐい》により、重度の貧血だったのだろう。病気自体も深刻だが、それ以上に大変だったのは、律法上、出血は穢《けが》れとされていたから礼拝にも行けず、人に触れることすら許されなかった。つまり十二年にもわたり、事実上、日常生活ができない状態に置かれていた。

思いつめた彼女は、イエスがやって来たとの噂を聞き、顔を隠し、群集にまぎれこむ。人との接触は禁じられていたが、救世主の衣なら赦《ゆる》されるはずだ、わずかでも触れることができれば病は癒えると固く信じ、後ろからおずおずと手を伸ばす。

イエスは人々に囲まれ、もみくちゃにされていたにもかかわらず、そのあるかなきかの感触の中に、信仰の深さをすぐさま感知した。「イエスふりかへり、女を見て言ひたまふ、『娘よ、心安かれ、汝の信仰なんぢを救へり』女この時より救はれたり」。出血が止まり、社会復帰が成った瞬間である。

また「サマリアの女」については——病気ではないが——二重の差別が関係している。サマリアは、地図を見てわかるように、聖地エルサレムを有する南部のユダヤと、辺境の北部たるガリラヤの間にはさまれた土地だ。ここは大昔（紀元前八世紀）、古代イスラエル王国が分裂した時の北イスラエル王国で、制圧者による混血政策のため何代にもわたって異民族と混淆《こんこう》してきた歴史がある。それ以来、純血主義のユダヤ人《びと》からは異教徒とみなされ、ユダヤ人ならぬサマリア人《びと》と呼ばれて蔑《さげす》まれ、エルサレム神殿入りも許されていなかった。もとはといえば敗戦による民族の悲劇である。だというのに、今のこの、ローマ人に差別される状況下のユダヤ人が、同じ血を引くサマリア人を徹底的に見下し、互いに敵同士のごとくいがみ合っているのだから、情けないことこの上ない。

イエスは「善《よ》きサマリア人」の譬《たと》えを引いたことがあった。律法学者に「隣人とは誰のことか」と問われた時だ。イエスは逆にこう問い返した——旅のユダヤ人が山賊に襲われ、身ぐるみはがされたばかりか大怪我《けが》を負って倒れていると、通りかかった祭司もユダヤ人の同胞レビ人も見て見ぬふりをして去ったのに、あるサマリア人だけ

アンニーバレ・カラッチ
（1560〜1609年）
『キリストとサマリアの女』
（1604〜05年頃、ウィーン、美術史美術館）

が介抱してくれた、この三人のうち誰を隣人と呼ぶべきか？

　これに対し律法学者が、「その人に憐憫《あわれみ》を施したる者なり」と答える。すかさず「イエス言ひ給ふ『なんぢも往《ゆ》きて其《そ》の如《ごと》くせよ』」。慈愛は、口で云うだけではだめだし、狭い仲間うちだけに向けられるものでもないのだ。

　とはいえ長年にわたる反目により、ユダヤ人、サマリア人とも、よけいなトラブルを招かぬため互いの土地は避けて通るのが慣習になっており、イエス一行の伝道の旅も、南下するときはサマリアを迂回し、ヨルダン川沿いを歩いた。そんな状況下、どうしてもサマリアを通る必要ができる。「サマリアの女」のエピソードは、その時のものだ。

イエスが数人の弟子とサマリアの町スカルにさしかかったのは、ちょうど正午ころ。弟子らが食料を調達に町なかへ行った間、イエスだけ古い井戸のほとりに座り、身体を休めていた。そこへひとりのサマリア女性が水汲《く》みにあらわれる。ふつうはこんな時間に水を汲む者はいない。イエスが後で言い当てるのだが、彼女はこれまで五人も夫を持ち、今また結婚もしないで男性と暮らしているため、周囲から爪《つま》はじきにされていた。つまりサマリア人という理由で差別され、ひとりで生きてゆけないのが悪いと、同胞のサマリア人からも差別される身であった。

イエスは女に声をかけた、水を飲ませてはくれまいか、と。

当時はたとえ昼ひなかであろうと、見知らぬ男女が口をきくのはタブーだったし、ましてユダヤ人の方からサマリア人に話しかけるなど考えられないことだった。女はびっくりし、イエスがふつうのユダヤ人ではない、それどころかふつうの人間でもないと気づく。イエスも女の理解力を見て言った、「すべて此の水をのむ者は、また渇かん。されど我があたふる水を飲む者は、永遠《とこしえ》に渇くことなし」。井戸の水を飲んでもまた喉《のど》が渇くけれど、神の教えは命の水そのものであるとの教えだ。

「主よ」と女は答えた、「その水を我にあたへよ」。

このあと彼女が町じゅうに救世主出現を興奮して触れ回ったので、多くのサマリア人がイエスに帰依《きえ》したばかりか、宿泊地の提供までおこなわれた。

このようにさまざまな女性たちがイエスと関わり、イエスはその無限ともいえる包容力で彼女らを分け隔《へだ》てなく扱った。だからこそ、「神の国の福音を伝へつつ、町々村々を廻《めぐ》り給ひし」際には、男の弟子ばかりでなく、「前に悪しき霊を逐《お》ひ出され、病を医《いや》されなどせし女たち、即ち七つの悪鬼の出《い》でしマグダラと呼ばるるマリヤ、ヘロデの家司《いえつかさ》クーザの妻ヨハンナ及びスザンナ、此の他にも多くの女」たちが行動を共にしたのである。

マグダラのマリア（＝マリア・マグダレーナ）の名が出てきた。

マグダラとはガリラヤ湖北西部、ティベリヤよりやや北に位置する町の名。その小さな町の出身者マリアは、聖書に登場する女性たちのうち、聖母マリアに次いで人気が高く、絵画ではよく「懺悔《ざんげ》の図像」として描かれる。七つの悪霊に苦しめられるほど堕落した生活を送りながら、ついには悔悛《かいしゅん》した美しい「罪の女（＝売春婦）」だからだ。香油壺《こうゆつぼ》を持ち、艶やかな長い髪（時にその髪は、若々しい裸体を半ばだけ隠す妖《あや》しいヴェールの役目もする）を波打たせた彼女の姿を、画家は想像力を駆使して画布に映し出した。

香油とマリアの関係は深い。

イエスが支持者の家で、おおぜいの人といっしょに食卓についていると、突然、石膏《せっこう》の香油壺を持ったひとりの着飾った女が、招かれもしないのに入ってきた。マグダラのマリアだ。弟子たちは驚き、彼女が罪深い女と知っている者は批難の声をあげ、場は騒然としたが、思いつめた表情のマリアには、周りがいっさい目に入らない。ただイエスひとりだけを見つめて走りより、その足もとにひざまずいて涙をぽろぽろこぼした。それから「涙にて御足《みあし》をうるほし、頭《かしら》の髪《け》にて之を拭《ぬぐ》ひ、また御足に接吻《くちつけ》して香油《においあぶら》を抹《ぬ》れり」。

自らの穢れた身体と魂を清めるかのように、イエスの足を涙で濡らし、長い髪でやさしく拭《ふ》いてから、持参した香油を丁寧に塗る。その一心不乱の様子さえ、同席者の心を打つことはなかったとみえ、人々はイエスが彼女にされるがままになっているのを心中で訝《いぶか》った。なぜならユダヤ教では一度でも罪を犯した者は決して赦《ゆる》されず、地獄行きとされていたからだ。イエスはこの女が罪人であることにすら気づかないのだろうか、と。

それを見抜いたイエスは、皆にこう言う、「この女の多くの罪は赦されたり。その愛すること大《おおい》なればなり。赦さるる事の少《すくな》き者は、その愛する事もまた少《すくな》し」。回心すれば罪は消えると宣言したのだ。

赦される事の少ない者とは、「赦される必要のない善人」を指す（この部分は日本人なら誰でも、親鸞《しんらん》の「善人なおもて往生《おうじょう》を遂《と》ぐ、いわんや悪人をや」を思い起こさずにおれないだろう）。イエスはマリアに対しても言った、「なんぢの信仰なんぢを救

ティツィアーノ・ヴェチェッリオ
（1488/90頃～1576年）
『悔悛するマグダラのマリア』
（上：1560年代、サンクトペテルブルク、エルミタージュ美術館
下：1530年頃、フィレンツェ、ピッティ美術館）

へり、安らかに往《ゆ》け」。

享楽の過去を完全に捨て去ったマリアは、イエスのもとを離れようとはしなかった。

以後、イエスの一番の女弟子となり、イエス磔刑《たっけい》の一部始終を聖母マリアとともに見守り、また復活したイエスにも最初に出会うこととなる。

　香油とマリアのエピソードはまだある。

　イエス一行がエルサレムへ入城した後のことだ。過越祭《すぎこしのまつり》が近づいていた。エルサレムに近いベタニア村に身をひそめていたとき、マリアは高価なナルドの純粋香油を一リトラ全部イエスの首筋に注ぎ、いっぺんに使い果たした。一滴でさえ香り高いナルドが壺から全て流れ出たことで、部屋は甘美な香りにむせ返った。ユダが憤《いきどお》り、売れば三百デナリになるものを、とマリアを責める。

　ナルドは東アジア原産のカンショウコウ（甘松香）から調合された、希少価値の高い香油で、王を宴に誘《いざな》う芳香といわれたほどだ。ユダの言うとおり、三百デナリで売れたに違いない。これはローマ兵の一年分の給料ほどの値だ。ユダに言わせれば、その金で少なからぬ貧しい者を救えるはずだった。

　マリアはユダを無視し、黙ってイエスの身体にナルドを塗り続けた。代わりにイエスが言う、「何ぞこの女を悩《なやま》すか、我に善《よ》き事をなせるなり」。彼女を困らせてはならない、良かれと思ってしたことだ、と。

イエスとユダの関係が、変調をきたしつつあるのがわかる。

それにしても、マリアはなぜこんなことをしたのだろう？　今までは必要なだけしか香油を用いたことはなかったのに。

マグダラのマリアは、この時もまた一心不乱だったのかもしれない。ユダを無視したというより、なじる声すら聞こえていなかったのではないか。

ナルドは没薬《もつやく》としても使われる香油だった。東方の三博士の贈り物を思い出してほしい。博士たちは犠牲の仔羊となる運命の幼子《おさなご》のため、黄金と乳香《にゆうこう》の他に、埋葬のための、つまり遺体用防腐剤としての没薬も献呈した。マリアもまた、近づくイエスの死を痛いほど感じ、その死が避けられないものであるならばと、精一杯の愛の証《あかし》として、持てる没薬のありったけを生身《なまみ》のイエスに注いだのだ。部屋を満たした香りは、彼女の愛と祈りであり、悲しみそのものであった。

イエスがそれを受けとめないわけがない。イエスは先ほどの言葉に続けて、ユダにこう言った、「この女の我が体に香油《においあぶら》を注ぎしは、わが葬りの備《そなえ》をなせるなり」。

ユダは不満げな表情を隠さぬまま部屋を飛び出した。

第7章 使徒たち

アルブレヒト・デューラー
（1471〜1528年）
『四人の使徒』
（1526年、油彩 板、各212.8×76.2cm、
ミュンヘン、アルテ・ピナコテーク）

左からヨハネ、ペテロ（この二人はイエスの直弟子）、福音記者マルコ、パウロ（共にイエス死後に生まれたが使徒と認定された）。四人の姿は、左からそれぞれ多血質、粘液質、胆汁質、憂鬱質をあらわすとされる。

受難の時は刻々と近づいていた。

ガリラヤを中心とした三年近い精力的な布教活動により、すでにイエスの名声はかつての洗礼者ヨハネをも上回るほどになっていた。だがそれは即ち、危険の増大と紙一重である。

イエスは信者たちがいずれ迫害されるのを予知し、十二使徒へ宣教の際の忠告を与えた。曰く、「我なんぢらを遣《つかわ》すは、羊を狼のなかに入るるが如し。この故《ゆえ》に蛇のごとく慧《さと》く、鳩のごとく素直なれ」。さらに、必ず二人一組で行動すること、好意を示してくれる人の家以外には留まらないこと、杖とサンダルと下着一枚しか持たないこと、他者を裁いたり罰したりせず愛し許すこと、などを言い聞かせた。

同じ時期、有名な「主の祈り」も教示している。

「父よ、
願はくは御名《みな》の崇《あが》められん事を。

御国《みくに》の来《きた》らん事を。

御意《みこころ》の天のごとく地にも行はれんことを。

我らの日用の糧《かて》を日毎に与へ給《たま》へ。

我らに負債《おいめ》ある凡《すべ》ての者を我ら免《ゆる》せば、

我らの罪をも免し給へ。
我らを嘗試《こころみ》にあはせ給ふな」

イエスはいよいよ痩《や》せ、顔は年より幾分老けて見えたものの、身体頑健《がんけん》で、炎天下の長い遍歴に耐えてきたし、なおまだ気力、体力は充実していた。ただその慈愛と悲しみの瞳に、時おり痛みにも似た苦悩がよぎるのを、身近な者の幾人かは気づいていた。

このころからイエスは使徒たちに、自らの受難と復活を語りはじめる。

最初は、ペテロに天国の鍵を渡し、事実上の筆頭弟子と認めた時だ。今後、自分は「エルサレムに往《ゆ》きて、長老・祭司長・学者らより多くの苦難《くるしみ》を受け、かつ殺され、三日めに甦《よみが》へる」。

すぐさまペテロが、そんなことの起こるはずがない、そんなことはもう言わないでください、と遮《さえぎ》った。これまでイエスの話の腰を折ったことなどないペテロだ。ショックの激しさがうかがえる。他の弟子たちは俯《うつむ》くしかなかった。

イエスは苛立《いらだ》ちをあらわにし、「サタンよ、我が後に退け、汝はわが躓物《つまずき》なり、汝は神のことを思はず、反《かえ》つて人のことを思ふ」。

ペテロに対してというより、ペテロの口を通して自分の決意を揺るがそうとする悪魔への怒りだ。神の子ながら人間の肉体を持つイエスが、どうして来るべき試練の大きさに平然としていられたろう。心の脆弱《ぜいじゃく》な部分を、悪魔はまたも巧みに衝《つ》いてくる。ともすると我が身可愛さに萎《な》えかける心を、常に引き締めねばならない。しかもその苦悩を、使徒の誰ひとり理解しようとしない。イエスは孤独であった。

その六日後。使徒らは早くもイエスの言葉を忘れてしまう。いや、あまりに怖ろしい予言だったので、忘れてしまいたかっただけかもしれない。考えないようにしていたのかもしれない。イエスはそんな彼らの様子を見て、再び語ってきかせる必要を感じる。

いつものように群衆に囲まれ、説教し、癲癇《てんかん》の子を治すなどして、ガリラヤへもどったところで、イエスは言った、自分は「人の手に付《わた》され、人々は之を殺さん、かくて三日めに甦へるべし」。

聞いた使徒たちは、「甚《いた》く悲しめり」。彼らが悲しんだのは、師にそのような言葉を吐かせたという、内心忸怩《じくじ》たる思い故であり、予言をそっくり信じたからではなかった。イエスが洗礼者ヨハネと同じ運命を辿《たど》るはずがない、ヨハネは預言者だが、イエスは救世主だ、数々の奇蹟を起こし、死者をも甦えらせた本物のメシアだ、人間の手

ピエトロ・ペルジーノ
（1445/50～1523年）

『ペテロへの鍵の授与』
（1481～82年、ヴァチカン、システィーナ礼拝堂）

にかかって死ぬわけがない。彼らにとって、イエスが殺されるなどありえないことだった。

三回目は、おおぜいの弟子や女たちも伴ってのエルサレム行きの途上。イエスは歩きながら、さりげなく十二使徒だけを傍《そば》に寄せて告げた、「視《み》よ、我らエルサレムに上る、人の子は祭司長・学者らに付《わた》されん。彼ら之を死に定め、また嘲弄《ちょうろう》し、鞭《むち》打ち、十字架につけん為《ため》に異邦人に付さん、かくて彼は三日めに甦へるべし」。

「人の子」とはイエスが自分自身を呼ぶときの言い方、また「異邦人」とはここではローマ兵を指す。予言内容が以前より具体的になり、「鞭打ち」や「十字架」という血塗られた言葉まで使われている。すでにイエスには、ありありと受難の道行きがイメージされていたのだろう。使徒らは戦慄《せんりつ》し、各自の思いに沈み、目を伏せて黙々と歩き続ける他なかった。

ペテロは師の横顔をそっと盗み見る。削《そ》げた頬《ほお》のせいで、激しく射す太陽光が黒い翳《かげ》を作り、ひどく疲れて見えた。はるか彼方へ向けた視線は、頼りない弟子どもに落胆しているように思え、自責の念でいっぱいになる。とはいえ、何をどう言えばいいかわからない。予言を否定すればまた叱責されるだろうし、肯定するのは絶対に嫌だ。イエスのいない世界など想像もできない。だがこれまでもそうだったように、全てイエスの言葉どおりに物事は起こってゆくのだろうか……。

　はじめペテロは不思議でならなかった。全てうまくいっているのだ。なぜイエスは不吉な予言を口にするのだろう？　どの集会においても、「大《おお》いなる群衆むらがり、町々の人みもとに寄り集《つど》ひ」、病人は癒されて満足し、弟子志願者は絶え間なく、誰もがこぞって宿や食事を提供してくれる。イエスの心酔者は貧民や庶民ばかりでなく、町の有力者やパリサイ派の中にさえ増えていた。エルサレム神殿の祭司職を独占しているサドカイ派や律法学者らが何度か使者を送ってきて、さまざまな罠《わな》を仕掛けては律法違反を見つけ出そうとしたが、ことごとく巧みな論理で追い返してきた。

　ペテロには、エルサレム入城がそれほど危険だという認識もなかった。神殿上層部がどんなにイエスを煙たがり憎んでも、逮捕の理由はひとつもない。イエスは表向きには救世主を名乗っていないし、現体制転覆の試みも一度たりとしていない。愛を教え、神の国を伝えこそすれ、反ローマ運動を謀《はか》ったこともない。それでもなお逮捕しようとすれば、その時には必ず大群衆がイエスを守ろうとするはずだ。そうなるとかえって騒ぎが拡大し、暴動へ発展しかねず、ローマから睨《にら》まれるのは神殿側のほうではないか。

　けれどイエスが三度にわたって怖ろしい未来を語るうち、エルサレム行きがほんとうに死出の旅路に思えてきた。敵陣へ無防備なまま乗り込む恐怖を、ひしひしと感じはじめる。これこそが狼の群れへ入る羊というものであろう。権力者に理由などいらないのだ。彼らは、やると決めれば誰であれ拷問《ごうもん》し磔刑《たっけい》する。ではなぜエルサレムへ行くのか。行かなくていいではないか。今までどおりガリラヤを足場に、今までどおりの伝道を継続し、教団を大きくしてゆけばいい——それがペテロの、そして多くの弟子たちの願いである。

一方で、しかしまたペテロは、その願いが自分たちのきわめて人間的なエゴイズムにすぎないことも知っていた。イエスがいつまでも同じやり方を続けるつもりはないと、早い段階で気づいていたからだ。どんなに愛を与え、病を癒しても、救いを求める人の数は減らない。まるで砂漠の砂粒のようなもので、癒しても治しても果てしがない。ご利益を求める人にただ与えているだけでは、けっきょく世界は変わらない、イエスがそう考えているらしいこと、彼の目指すものはそのはるか彼方にあること、つまり目の前の小さな現実をちまちま変化させるのではなく、もっと壮大な未来を見据《みす》え、人間精神自体に変革をもたらそうとしていると、ペテロもおぼろに感じていた。感じてはいたが、そのようなことがどうすれば可能なのか、そこまでは思い及ばないでいた。

これまでも、イエスは常に弟子らの思考のずっと先を進んでいる。憎悪の的だった徴税人を使徒に選んだり、罪を犯した女や異教徒まで救済したり、そのつど驚かされたものだが、後にはイエスの正しさがわかった。エルサレム行きについても、今は理解できずとも、いつか明らかになるのだろうか。エルサレムで十字架にかけられる意味も……。

ペテロは身震いした。愛そのもののような存在のイエスが、どうして重罪人のように鞭で打たれたり磔刑に処されねばならないのか。神がそのようなことを許したもうわけがない。けれどその考えはきっと間違っているのだ、なぜならイエスは「汝は神のことを思はず、反つて人のことを思ふ」と怒った。いかに人の身として耐え難《がた》くとも、神の視点においては必要な試練なのだろう。そうだとしても、それでもやはり、ペテロにはイエスが可哀そうでならない。救世主に対して可哀そうとは何ごとかと頭では思っても、心にわきおこる痛ましさは抑えがたい。世の悲しみを全て吸い込んだかのようなイエスの深い双眸《そうぼう》は、あまりに神のイメージとは遠く、むしろ傷つきやすいひとりの人間が、とうてい背負いきれぬ重荷を押し付けられているかのように、ペテロには感じられてならないのだ。

いいや、いいや、今回に限ってはイエスの予言は間違っている、ペテロは打ち消した。神の子であり救世主であるイエスに対し、どうして人間ごときが害をなせよう。たとえ十字架にかけられたとしても、神は必ずや我が子イエスを助けるはずだ。そう思うそばから、だがペテロの心はぐらついてしまう。万が一、イエスが十字架上で惨《みじ》めに死ぬようなはめになれば、それは彼が神の子ではなく、ただの弱い人間にすぎないという証拠ではないのか。イエスはほんとうに救世主なのか、それとも自分らと変わらぬ弱い人間なのか？

喚《わめ》きたくなってくる。

ユダは何を考えていたのだろう？

彼がイエスに信頼されていたのは間違いない。ペテロやヨハネほど愛されていたかは別として、ガリラヤ出身者で固められた使徒の中で、ひとりだけユダヤ地方カリオテ生まれ。異質だった。逆に、異質でありながら使徒に選ばれるほど能力が高かったともいえる。彼は教団の会計をまかされていた。

金庫番たるユダが、貴重な香油をいっぺんに使い果たしたとしてマグダラのマリアを咎《とが》めるのは当然のことだ。そしてその時の、売れば三百デナリになったのに、という言葉によって、なぜ彼が会計担当になったかも仄《ほの》めかされている。現実主義者なのだ。

その鋭い現実感覚でユダは、他の使徒らに見えないものまで見ていたに相違ない。それは民衆というものへの正確な理解だ。今を生きる人々のほとんどは、己の苦痛を取り除いてくれることのみをメシアに期待している。神の国における至福など待ってはいられない、とりあえず今すぐこの病、この痛み、この飢餓を、拭《ぬぐ》い去ってほしい、さらにはローマ帝国の頸木《くびき》を外し、歴史の中でしか知らない栄光のユダヤ王国を再建してほしい、第二のダヴィデであってほしい——それが救世主に求める、ほとんど全てといってよかった。

しかるにイエスはどうしたか。次々奇蹟を起こし、おおぜいの病人を完治させて名声を高めたが、その名声を利用して教団をさらに拡大強化しようという気はない。しかも敵地サマリアで布教したり、非ユダヤ人の救済まで行なうようになっている。それは人々が思い描く「真のユダヤの王」、即ち、ユダヤ人だけを救うユダヤの神の姿では断じてなかった。イエスに心酔しきっている使徒たちはいざ知らず、ふつうの弟子の間にさえ少しずつ少しずつ違和感が醸《かも》しだされていたのだから、説教を聴きにきただけの群集の中には、異教徒をも分け隔てしないイエスに反感を持つ者が出てくるのも当然だった。説教の場には時々エルサレムから派遣されたスパイたちも混じっていたので、彼らはわずかの不満を捉えては、ひそかにイエスへの反感を煽《あお》った。

またイエスに望みをかけた者のうちには、反ローマを掲げて実力行使する強硬派の各グループもいた。ローマ支配から脱却するためには暴力をも辞さない彼らは、散発的に反乱を起こしては逮捕、処刑されており、イエスの人気と動員力が自分たちの助けになると勝手に当て込んだのだ。ところがイエスは実際的な政治運動には関心がなく、惨《みじ》めな祖国の状況を打破するため反乱軍を統率しようなどという気もさらさらない。ダヴィデになるつもりはない。イエスが絶えず言い続けているのは愛であり、許しであり、各自の胸の奥に打ち立てるべき「神の国」という抽象性であった。

——人の心は変わりやすい。自分たちに都合の良い「救世主」誕生をイエスに見た者は、ことごとく期待外れの苦さを味わわされた。彼らはその幻滅が自分自身から発したものとは思いたがらず、イエスが期待どおり振るまわないから悪いのだと結論づけた。昨日までイエスを熱狂的に崇《あが》めていた者ほど、今日の失望と怒りは激しかった。

相変わらずイエスの周りには群集がひしめいていたが、ユダの目に映るそれはもう、素朴な信仰者ばかりではなかった。少なからぬ人々が、ひとつ願いを叶えてもらうと、さらにもうひとつ、またもうひとつと欲求をエスカレートさせてゆき、ある種、脅迫的な色合いを帯びてイエスを取り囲んでいるのだった。

三年目の今がイエスのピークであり、この先の展開は難しいとユダは感じていた。そろそろやり方を変えねば、教団そのものも潰《つぶ》れかねない。従って過越祭《すぎこしのまつり》を機にエルサレムへ入城するのは、梃《てこ》入れとして正しい判断だと思った。あくまでひとつの運動の継続という意味においてだ。ところがここでユダ自身が、イエスに幻滅させられることになる。イエスはエルサレムで祭司長らと対決するのではなく、殺されるために行くというのだ。

その衝撃的な予言は、ユダには耐え難いものだった。なぜならイエスはここで、決定的にユダの理想から離れたからだ。イエスは自分が死ぬことで人類を救えると信じている。しかしそれはユダが持っていた救世主像からは遠すぎた。敵と戦わずして、ただ十字架にかけられて死ぬ者が、どうしてメシアでありえよう。しかしイエスはそれこそが神の子としての最後の仕事だと、エルサレムを間近にしてもう一度語るのだった、曰く、

「一粒の麦、地に落ちて死なずば、唯一つにて在《あ》らん、もし死なば、多くの果《み》を結ぶべし。己が生命《いのち》を愛する者は、これを失ひ、この世にてその生命を憎む者は、之を保ちて永遠《とこしえ》の生命に至るべし」。

イエスは一粒の麦となって殺され、それによって教えは世界中に広まるというが、ユダはそこまではとても信じられなかった。身勝手で心変わりしやすい民衆は、イエスが死ねばイエスを忘れるだけではないのか……。

第8章

エルサレム

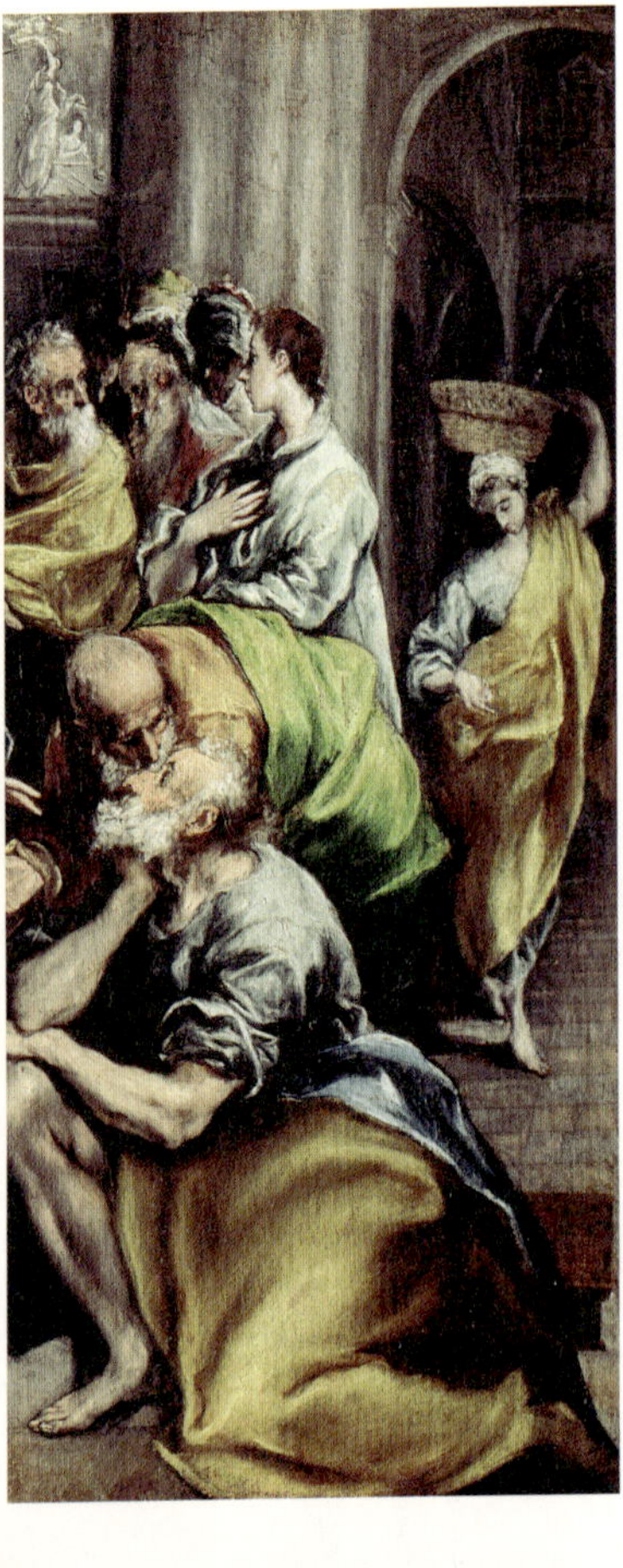

エル・グレコ
（1541〜1614年）
『神殿を潔《きよ》める』
（1600年頃、油彩 カンヴァス、
106.3×129.7cm、
ロンドン、ナショナル・ギャラリー）

祈りの家たる神殿で金儲けをしていることに怒り、縄の鞭で商人を追い払うイエス。激しい怒りの表出はこれまでのイエスには見られなかったもの。左には身体を斜傾させる商人たち、右にはイエスを憎む祭司たち。

エルサレムへは、過越祭《すぎこしのまつり》の期間に合わせて行く——そうイエスは決めていた。神殿ではほとんど毎月のように祭があるが、四月に一週間おこなわれる過越祭は、中でも最重要の行事だった。

それは旧約聖書の「出《しゆつ》エジプト記」に関連している。

紀元前十三世紀ころ、エジプトで長く奴隷状態にあったユダヤ人がモーセに導かれて脱出し、ついに自由の民にもどったことを記念する祭とされる。だが正確に言えば、脱出に先立つ血なまぐさい出来事が、「過ぎ越し」という言葉に示されている。つまりモーセは、自分たちユダヤ民族を虐《しいた》げるエジプト人に災いをもたらしてほしいと神に祈り、聞き届けられ、エジプト人家庭の全ての長男が一夜にして急死する。その際ユダヤ人は自分たちに害が及ばぬよう、神の定めに従って雄の仔羊を殺し、家の門柱にその血を塗りつけておいた。長男の身代わりとしたのである。かくして神の裁きはユダヤ家庭を「過ぎ越し」、エジプト家庭にのみ下ったというわけだ。

過越祭はこれを再現して寿《ことほ》ぐ、生贄《いけにえ》の祭だ。奉納者はそれぞれ持参した仔羊ないし仔山羊か仔牛、あるいは鳩を（全て雄）、神殿の「祭司の庭」で、無傷かどうか祭司に調べてもらう。傷が見つかれば、神殿で売っている動物を新たに買わねばならない。良しとなると、犠牲となる動物の頭に手を置き、これによって自分の代わりと認められる。それから祭壇の北側に用意された鉤《かぎ》付き屠殺台で殺し（仔羊なら四肢を縛って刃物で首を切り、鳩ならくびり殺す）、祭司にその血を祭壇の周りにふりかけてもらう。続いて皮を剝《は》ぎ、ばらばらに裂き、内臓と足をきれいに洗う。それらは再び祭司の手により、神への捧げものとして祭壇の上で焼き尽くされ、罪の許しが得られた証《あかし》となる。

現代日本人の視座からは、実に血なまぐさい祈り方としか言いようがない。動物たちはその鋭い感覚で、迫りくる死を予知するのであろう、不安がり、暴れもがき、逃げたがり、哀れな鳴き声をたてる。殺される瞬間には、もちろん断末魔の叫びを上げる。血しぶきが飛ぶ。自分の罪を全て小動物に贖《あがな》わせる信仰深き者たちは、殺す時も解体時にもその血を顔に手に衣服に浴びる。また次から次へと祭壇にふりかけられる夥《おびただ》しい血は、真っ赤な川のように排水溝へ流れてゆく。蠅《はえ》がたかる。脂肪が滴《したた》って火がはぜ、肉が焼け焦げて煙がのぼる。その間も、順番を待つ人々の祈りの声は途切れなく続く。

興奮した動物と人間の体が発する酸《す》っぱいような刺戟臭《しげきしゅう》、汗と血と砂埃《すなぼこり》と汚れの混じった強烈な悪臭、生温《なまあたた》かい内臓の臭い、肉の焼きつくされる臭い……それらはどんなに香料が焚《た》かれても完全に消えはしなかった。宗教に浸《ひた》りきって生きている当時の人々にとって、仔羊は可憐《かれん》さを愛《め》でる対象ではなく、自分のために血まみれで死すべき過ぎ越しの生贄にすぎない。古代的聖所は清らかさとは無縁で、生と死の混在するなまなましい血の空間だ。ローマ人がユダヤ人の体臭を嫌い、時に笑いの種にしたのも、この生贄の儀式がよく知られていたからだろう。

それにしても神にいちいち動物を捧げるやり方は、貧しい者にとって多大な出費であったし、食料の無駄遣いとも言えた。自分の財産たる家畜を（ないしはわざわざその日に購入した動物を）、神殿で自らの手で解体せねば罪を赦《ゆる》されない（現代であれば司祭に告白する「懺悔《ざんげ》」だけですむ）というのは、無闇な律法での縛りと同根だとイエスは感じていたのだろう、神殿に仔羊を捧げたことはなかった（儀式自体について何かを表明したこともなかったが）。

その代わりイエスが行なおうとしていたのは、自らが「過越の仔羊」「犠牲の仔羊」となることだった。ダヴィデやモーセやアブラハムのように、異邦人と戦って殺しまくるのではなく、「悪しき者に抵抗《てむか》ふな。人もし汝《なんじ》の右の頰《ほほ》をうたば、左をも向けよ」と教えたイエスは、ローマに反旗《はんき》を翻す政治活動にも関心がなかった。この世での自らの役割を、エルサレム神殿の屠殺台で、罪深い人間の身代わりとなって血を流すことと知っていた。過越祭にこだわった理由がそれだ。自らが人類の犠牲の仔羊となれ

ピエトロ・ロレンツェッティ
(1280/85～1348年頃)
『キリストのエルサレム入城』
(1320年頃、アッシジ、サン・フランチェスコ修道院)

ば、もうほんとうの動物たちを生贄にする必要もない。だから三度にわたって使徒たちに語りきかせたのだ、エルサレムで何が待ち受けているかを――。

いよいよエルサレムに近づいたイエス一行は、オリーブ山の麓《ふもと》の村で少し休む。このオリーブ山はエルサレム南東、徒歩一時間ほど。後に復活したイエスがここから昇天し、「最後の審判」には死者が蘇《よみがえ》る場所と言われるようになる。

イエスはここからロバに乗った。これは旧約聖書の預言者の言葉――ユダヤの王がロバに乗ってエルサレムへ来る――を成就《じょうじゅ》させるためだった。イエスの噂を聞きつけていた群衆がたちまち取り囲み、進む道に自分たちの服や棕櫚《しゅろ》の枝を敷き、いっしょに歩きながら歌いだす、「ダビデの子にホサナ、讃《ほ》むべきかな、主の御名《みな》によりて来《きた》る者、いと高き所にてホサナ」。

「ホサナ」とは一種の囃子《はやし》言葉（もともとは「救いたまえ」の意）。主の名によって来られたダヴィデの末裔《まつえい》に祝福あれ、という歌だ。かくも賑々《にぎにぎ》しく入城したため、他国からの巡礼者たちはいったい誰が来たのかと驚き、尋ねると、群衆から「これガリラヤのナザレより出でたる預言者イエスなり」と答えがかえった。

すでに日没間近であり、宿泊所も満員なので、イエスはこの日はすぐまたエルサレムの城門を出て、近郊のベタニア村に泊まった。数日間、エルサレムとベタニアを行き来することになる。イエス最後の日々である。

エルサレムはヘブライ語で「平和の都」。実際ここは難攻不落の城塞都市、且《か》つ宗教都市だった。当時からすでに十世紀にわたる大巡礼地にして大観光地。「来年はエルサレムへ」という言葉すらあったほどで、国内ばかりか国外に散らばる大勢の離散ユダヤ人（＝ディアスポラ）も、生涯にせめて一度でいいからこの聖地へ巡礼したい、というのが夢になっていた。

とはいえ、大都市かといえば必ずしもそうではない。同時代のローマやエジプトのアレクサンドリアは、市民（成人男子のみ）三十万と数えられ、他に女性、子ども、多数の奴隷がいたので人口は百万近かったと推定される。対するにエルサレムは、（研究者によって違いはあるが）住人はせいぜい五、六万、ほとんどが神殿関係者、また巡礼者相手の宿や食堂関連、職人そして商人である。市外からの通勤者を合わせても、日中の人口は七万には満たなかったと思われる。ただ過越祭を含む三大祭の期間は、最大で十五、六万に膨《ふく》れあがり、宿を確保できない人々は近郊の町や村に泊まったり、野宿したりして神殿へ通った（イエス一行も最後の夜は城壁外で野宿している）。

　また、エルサレムを壮麗な建築群の居並ぶ美しい町と想像するのも間違いだ。確かに遠くから眺望《ちょうぼう》すれば、「いと高き所」に位置するエルサレムの景色は雄大だし、故ヘロデ大王が拡大再建した神殿は、三つの塔や巨大な擁壁《ようへき》をもつ、聖地にふさわしい堂々たる建造物だ（東西三百メートル、南北四百七十メートル、面積十四ヘクタール）。後継の領主ヘロデ・アンティパスの短期滞在用ハスモニア宮殿、大祭司カヤパ（＝カイアファ）やローマ総督らの邸宅、貴族や富裕商人の家、水を提供する公共建築物なども立派だった。しかし他は屋根を瓦で葺《ふ》くこともできない貧しい者たちの、狭苦しいぶかっこうな家が延々と軒を連《つら》ねる、アルジェのカスバのごとき密集地区ばかりである。人々は職種ごとに固まって居住し、それぞれのシナゴーグを持っていた（エルサレムのシナゴーグの数は、何と五百近くもあった）。

　いわゆる大通りや大広場は無く、丸い石を敷きつめた掌《てのひら》ほどの広場がいくつかと、細く曲がりくねった路地や、上り下りの急な階段小路、すぐ行き止まりになる裏通りなど、町はあたかも迷路のごとき様相を呈していた。そのただでさえ狭い道幅に、露天商が勝手に店を広げて歩行者の邪魔をする。道はどこも、投げ捨てられたゴミや糞尿でひどく不潔だった。羊、山羊、牛、馬、ロバなどが垂れ流す糞はもちろんだ。過越祭になると二十万頭ほどの犠牲動物が連れて来られたから、高い城壁に囲まれた町は無風炎暑の日には臭気がこもり、香料なしではとうてい耐えがたかった（イエスはそうした道を歩いて刑場へ向かったのだ）。

さらに騒音が加わる。木靴が敷石の上でやかましい音をたて、金持ちを乗せた輿《こし》が通るからとて怒鳴り声が絶えず、商人が大声で客引きし、自称預言者たちが入れ替わり立ち替わり道端で説教し、聴衆は黙って聴くのではなく合いの手を入れたり反論したりする。そこかしこのシナゴーグからは祈りの声が漏《も》れ聞こえてくるし、神殿からは日に七回喇叭《らっぱ》が鳴り響き、巡礼者たちは合唱しながら道を歩き、公告役の伝令が喚《わめ》きながら走ってゆく。

祭司や神殿職員は一万人ほどいたようで、彼らの家族やパリサイ派なども含めれば、人口の半分以上を占めたと考えられる。ただし彼らのうち裕福なのは祭司長ら上級祭司だけで、下級祭司やその他の職員らは他の住民と同じく上の者に搾取《さくしゅ》され、貧しさに喘《あえ》いでいた。要するに、ほんのわずかの金持ちと大多数の貧民から成る、全体としては質素で混沌《こんとん》とした宗教町、それがエルサレムだった。

ローマやアレクサンドリア在住のユダヤ人入植者の数が、エルサレムのユダヤ人の二倍もいたのは当然であろう。文化的にも経済的にも活気ある真の大都市を、富裕なユダヤ人たちは去ろうとしなかった。エルサレム詣《もう》でを生涯の夢としながら、決してエルサレムに住む気はないのだった。ここでは経済が循環していないからだ。生贄動物の商取引だけでも莫大な金が動いていたのに、それらは国を富ませる産業部門に再投資されることはなく、ただただ神殿の維持や上級祭司の懐を潤すためだけに使われていた。となれば国外のユダヤ人にとっては、エルサレムは巡礼の聖地であるだけで充分で、もはや愛する故国というのとも少し違っていたのではないか。もし彼らに積極的な愛国の情があれば、エルサレムは、ひいてはユダヤ国家は、旧態依然の体制を改めざるを得なかったかもしれない。

神殿の祭司長職は、久しく有力貴族の独占物だった。彼らはローマと癒着《ゆちゃく》し、その後ろ盾を得て——領主ヘロデ・アンティパスと同じく——富と権力を掌握《しょうあく》していたので、自国が異邦人の圧政下にあるというこの状況は、むしろ好都合なほどだった。国外在住のユダヤ人たちが、聖地へ金を落としに来てくれるだけで、居住して改革しようとの意欲など全くないのも、彼らにとってさらに都合が良かったろう。

イエスはもちろん祭司長らのこうした腐敗、そして彼らと独占契約を結んでいる一部商人の特権についてよく知っていた。その怒りが「神殿事件」となって爆発する。

ロバに乗ってエルサレム入りした翌日、イエス一行はベタニア村から再びエルサレムの、今度は神殿へ向かった。

　そこでは生贄用の仔羊、仔山羊、仔牛、そして鳩などを売る店や両替商がずらりと並んでいた。エルサレムの近くに住む者は自分のところの家畜を連れてくることができたが、遠くからの巡礼者は購入の必要があったからだ。せっかく自分の仔羊を持参しても、祭司によるチェックで傷があると指摘されれば（頻繁《ひんぱん》にあることだった）、新たに買わねばならない。神殿御用達の商人たちはそれをいいことに、かなりの高値で売りつけて莫大《ばくだい》な収入を得ていた。もちろんその何割かは祭司長や長老の懐に入る。両替商もまた、各国からやって来る巡礼者たちの外貨をユダヤで使える金に替えて、暴利をむさぼっていた。

　これを目の当たりにしたイエスは、使徒たちも驚く過激な行動に出る。縄の鞭《むち》を振りまわして、商人たちへ突進したのだ。「イエス宮に入り、その内なる凡《すべ》ての売買《うりかい》する者を逐《お》ひいだし、両替する者の台、鴿《はと》を売る者の腰掛を倒して言ひ給ふ、『わが家は祈《いのり》の家と称《とな》へらるべし、と録《しる》されたるに、汝らは之を強盗の巣となす』」。

　突然の暴力行為。これまでのイエスとはまるで別人のようだ。

　イエスの言う「わが家」とは、もちろん神殿を指しており、その神聖なる祈りの場所を市場にするとは何ごとか、強盗も同じだと、これは商人をというより祭司長らの

イエスの時代の
エルサレム市街模型

堕落を咎《とが》めているわけで、人々にそうとうなインパクトを与えたことだろう。マタイ伝はこのすぐ後に何事もなくこう続けている、「宮にて盲人・跛者ども御許《みもと》に来りたれば、之を医《いや》したまへり」。イエスの実力行使が、人々の多大な共感を呼んだからこそ、病人も集まってきたのではないか。この時また、今度は子どもたちが「ダヴィデの子にホサナ」と歌ってイエスを讃《たた》えている。神殿関係者らが憤りをあらわにするのも無理はない。イエスもそれは承知の上であったろう。

その後、イエスが神殿で人を集めて説教していると、祭司長らがやって来て、先の乱暴狼藉《ろうぜき》を非難した。それに対するイエスの答えは、次の譬《たと》え話であった――家の主人が葡萄《ぶどう》園を小作人らにまかせて旅に出た。収穫を受け取るため僕《しもべ》を遣《つか》わすと、小作人らはひとりを殴り、ひとりを殺し、もうひとりを石打ちにした。そこで主人は前より多くの僕を遣わしたが、結果は同じだった。ついに、自分の息子なら敬うだろうと送りだしたところ、小作人らはこの息子がいなければ園は自分たちのものになると考え、これまた殺してしまう。

イエスはそう話してから、改めて祭司長らに問うた、こんな小作人らを、主人はいったいどう扱うべきか？　と。彼らはこの寓意《ぐうい》の言わんとするところにすぐ気づいた。「家の主人」とは「神」、「葡萄園」は「ユダヤの国」、「僕」は「預言者たち」、「小作人」は「祭司らを含む国の指導者たち」、「息子」とは他ならぬ「神の子」であり「救世主」だ。神がこの世に預言者を送り、救世主を送っているのに、なおまだ悔い改めようとしないおまえたちに、神の忍耐はもうもたぬぞ、とイエスは暗に脅しているのだ。

祭司長らはいっそう憤激し、「イエスを執《とら》へんと思へど群衆を恐れたり、群衆かれを預言者とするに因《よ》る」。過越祭で常より町の人口が膨《ふく》れあがっているため、小さな騒ぎでも暴動へと過熱しかねない。イエス逮捕と処刑は慎重にやらねばと、彼らは大祭司カヤパの邸宅で陰謀をめぐらせ始める。

一方、律法学者たちも罠《わな》を仕掛けてきた。別の日、またイエスが説教をしている場で、ローマ皇帝（＝カイザル）に税金を納めるべきでしょうか、と尋ねてきたのだ。納める必要なしと答えれば、ローマへの反逆罪として訴えるつもりだった。だがイエスはデナリ貨幣に刻印された肖像を指さし、それは誰の肖像かと問い、カイザルです、との返事を聞くや、「さらばカイザルの物はカイザルに、神の物は神に納めよ」と、みごとに切り返した。

エルサレム神殿におけるイエス最後の説教は、両替商の台をひっくり返したのと同じほど激しい。洗礼者ヨハネがのりうつったかのごとき、名指しの批難、叱咤《しった》、怒りの連打だ。

学者とパリサイ人の言うことには従え、しかし彼らのやることを見習ってはならない、とイエスは言う、「彼らは言ふのみにて行はぬなり」。仮に行なったとしても、「凡てその所作《しわざ》は人に見られん為にするなり」。

「禍害《わざわい》なるかな、偽善なる学者、パリサイ人よ、なんぢらは人の前に天国を閉《とざ》して自ら入らず、入らんとする人の入るをも許さぬなり」

そしてまた、おまえたちは着飾り、富を誇り、尊敬されたがる。尊敬されるべきは神ひとりなのに、と。

「禍害なるかな、偽善なる学者、パリサイ人よ、汝らは白く塗りたる墓に似たり、外は美しく見ゆれども、内は死人の骨とさまざまの穢《けがれ》とにて満つ」

おまえたちが殺して流した正しき血によって、必ず報いが来るぞ、と。

「禍害なるかな、偽善なる学者、パリサイ人よ」は七回もくり返される。そして最後は嘆きで終わる、「ああエルサレム、エルサレム、預言者たちを殺し、遣《つかわ》されたる人々を石にて撃つ者よ、牝鶏《めんどり》のその雛《ひな》を翼の下に集むるごとく、我なんぢの子どもを集めんとせしこと幾度《いくたび》ぞや、されど汝らは好まざりき」。

第9章 最後の晩餐

レオナルド・ダ・ヴィンチ
（1452〜1519年）

『最後の晩餐』

（1495〜97年、油彩 テンペラ、460×880cm、
ミラノ、サンタ・マリア・デレ・グラツィエ修道院）

ここに裏切り者がいる——イエスの言葉は水面に投じた石のように、十二使徒らに激しい衝撃を与えた。画面左から4人目がユダだ。裏切りによって手に入れた銀貨30枚入り皮袋を握りしめ、イエスを見つめる。

イエスに付き従うユダには、神殿を仕切る権力者側の思惑が読めた。上級祭司や長老らは日中の、人目に立つところでは――群衆が騒ぎたてるに決まっているので――イエスを捕らえられない。とすれば夜間こっそり逮捕して、民衆の気づかぬうちに裁判で有罪判決をだし、そのあと公表すれば、たいがい諦《あきら》めると踏んでいるのだ。ただしイエス一行の宿泊場所がわからない。過越祭《すぎこしのまつり》前後のエルサレムは人口が常の三倍ほどになり、宿を確保できなかった者は夜になると城壁外へ出、洞窟や廏《うまや》などで思い思いに休む。どこに誰がいるか、とうてい把握は無理だ。スパイに後を付けさせはしたが、入り組んだ狭い小路で見失う。門を見張っていても、誰も彼も同じような恰好だし髭面《ひげづら》ときては見分けがつきにくい。

ではこの自分が、とユダは考えた、イエスの居場所を教えてやったらどうか。悪魔が「ユダの心に、イエスを売らんとする思《おもい》を入れたる」というのがそれである。とはいえユダが裏切りを決意するまでには、それに先立つ長い時間が必要だったはずだ。人が裏切り者になる過程は、さながら長篇小説だ。ましてユダは、世界で一番有名な裏切り者なのだ。

いくつもの鬱屈《うっくつ》がユダの中で重なったのは間違いない。使徒のうち、ただひとりガリラヤ出身ではない疎外感。教団の金庫番という立場の困難。イエスに愛されるマグダラのマリアやペテロやヨハネへの嫉妬《しっと》。何よりイエスがユダの期待に応えようとしないこと——イエスは今の政治状況をドラスティックに変革する気はなく、弟子を増やして教団を大きくするつもりもなかった。エルサレムで鞭《むち》打たれ、十字架にかけられると予言し、その予言を自ら引き寄せようとするかのように神殿で暴れ、関係者を舌鋒《ぜっぽう》鋭く攻撃した。権力側へ喧嘩を売ったのだ。さらに悪いことに、売ったこの喧嘩によって、民衆の人気はいっそう高まり、その先の具体的な政治行動を期待させてしまった。イエスにその気が全くないとわかった時、人々の失望はどんな反動をもたらすだろう。ユダは自らに照らし、そのリアクションの大きさが想像できた。

イエスに見切りをつけ、黙って教団を去る選択もユダにはできた。社会を現実的に変えようとする別の師を探すか、あるいはこれまでの経験をふまえ、自らの弟子を集めればいい。なのにそうはせず、裏切りの道を選んだのは、イエスへの歪《いびつ》な愛ゆえだったろうか？　自分ひとりのものにできないくらいならいっそ、という捻《ね》じれた愛の形は、これまでもこれからも古今東西、延々と続けられる、哀れな人間の珍しくもない心の動きなのだから。

それともユダは、イエスがほんものの救世主かどうかを確かめたかったのだろうか？

いくつもの奇蹟を見てきてなおユダが信じきれていなかったことは、「最後の晩餐《ばんさん》」の場において明らかになる。イエスが裏切り者の存在を告げた時、驚いた皆が「主（＝キリスト）よ、我なるか」と問うのに対し、ユダだけ「主」と呼ばず、「ラビ（＝師）、我なるか」と言うからだ。思わず口をついて出た言葉だけに、日ごろの思いがあらわれている。しかし仮にそれが理由だったなら、どうしてユダはイエスの死を見届ける前に、首を吊って自殺してしまうのか、なぜ「死の三日後の復活」まで待たなかったのか。

いずれにせよユダは行動を起こした。思うことと行なうことの間には亀裂がある。そこを飛び越えるには、本人にも不可解な衝動が必要だ。ユダはその衝動に突き動かされ行動した。大祭司カヤパのもとへ直接出向くという、思い切った行動を。

誰にも怪しまれぬよう、まずはさりげなく一行から離れ、狭い横路へと紛れ込んだのだろう。後ろめたさと疚《やま》しさに胸をぎゅっと縮め、周囲へ油断なく目を配りつつも、ある種の開き直りの勢いで先を急いだであろう。敵陣で名を名乗るときは、舌がもつれたかもしれない。額を寄せてイエス排除の方策を密談中だった祭司長らも、当の本人の弟子が飛び込んで来たのには、さぞかし驚いたに違いない。

ジオット・ディ・ボンドーネ
（1267頃〜1337年）

『ユダの裏切り』
（1302〜05年頃、パドヴァ、スクロヴェーニ礼拝堂）

急ぐユダは単刀直入だった、「なんぢらに彼を付《わた》さば、何ほど我に与へんとするか」。イエスのもとへ手引きしたら、いくら金をくれるか、と聞く。敵も率直だった。すぐさま銀貨三十枚が用意される。大した額ではない（労働者の約一カ月分の賃金に相当）。祭司長らの、裏切り者に対する侮蔑がうかがえる小金だ。手渡すときも蔑《さげす》みを隠さなかった。ユダも少なさに文句ひとつ言うでなく、金の多寡《たか》など問題にしていないことを示した。実際、イエス逮捕後にユダは、この銀貨を神殿に投げ捨てることになる。

それでも両者間の約束は成立した。夜中に手引きする旨《むね》を伝えてユダは、再び何喰わぬ顔で仲間のもとへもどった。

過越の食事をする特別の夕が近づく。

律法により、この食事は必ずエルサレム内でとるものと定められていた。ところが町はぎゅう詰めの大混雑をきわめ、宿も食堂も満員、目ぼしい広場には早い者勝ちでテントが張られる有り様だ。いちおうエルサレムの住人はこの期間、巡礼者から空部屋の借用を申し込まれた場合、断ってはならないとされている。されてはいるが、すでに高値で貸し借りが済んでいる場合がほとんどで、毎日陽《ひ》が沈むたび城外へ出ていたイエス一行が、市内で食事できる手だてはなかった。使徒らは困りはて、イエスにどうしたらよいか相談する。

イエスは言った、水瓶《みずがめ》を持った男に出会うはずだから、今から行ってその人に聞きなさい、そうすれば食卓と敷物が用意された二階の部屋を貸してくれる、と。

ふつう、水瓶は女性が持つ物だし、どこでそんな男を見つけられるのかもはっきりしないのに大丈夫だろうかと、不安を抱えて使徒がエルサレムの門をくぐると、たちまち水瓶の男を見かけた。そして事は全て、イエスの言うとおりになる。

これはもちろんイエスが神の子で、その言葉は実現するという証《あかし》だ。これまでの数々の奇蹟も同じことだし、磔刑《たっけい》についてもしかり。「祭司長・学者らに付《わた》されん」という予言が、先ほどのユダによる「なんぢらに彼を付さば、何ほど我に与へんとするか」と対応している。ユダの行為もとうに知られていた。いや、むしろイエスの言葉に導かれ、物事は起こるというべきか。その解釈でゆけば、ユダの裏切りもまた、あらかじめ定めに組み込まれていたと考えられなくもない。イエスがユダについて言うことになる、「生れざりし方《かた》よかりしものを（＝生まれてこないほうがよかったのに）」との言葉が切なく響く。

夕刻となる。ユダヤ人の一日は日没から始まるので、これは新しい一日のはじまりだ。そして最後の晩餐も始まった。

もちろん使徒たちは、これがイエスといっしょの最後の夜とは思いもしない。布教活動開始以来、初のエルサレム詣《もうで》であり、過越祭を祝う部屋も無事確保できた安堵《あんど》から、皆、心を浮き立たせていた。床に敷物が敷かれているので、比較的豊かな家だ。部屋も広く、使徒らは食卓に清潔なクロスを掛け、二本の燭台に火を灯し、調達してきたワイン、水、種なしパン（過越祭に必ず摂《と》る酵母抜きのパン）、苦菜《にがな》、干し果物、魚などを並べた。

祈りの後、しばし楽しいひとときが続く。この晩餐に格別の思いを持つイエスは、十二人の愛弟子のくつろいだ様子を、いつもの少し悲しげな目で見つめていた。筆頭弟子ペテロ、その弟アンデレ、大ヤコブ、その弟ヨハネ、ピリポ、バルトロマイ、トマス、マタイ、小ヤコブ、タダイ、シモン、そしてユダ。

彼らをイエスは「愛して、極《きわみ》まで之を愛し給へり」と聖書は記している。単に愛すだけではなく、極限まで愛し尽くす、という表現の背後に、ただの人間ならとうてい愛し続けられないような状況にもかかわらず、とのニュアンスがうかがえる。これから彼らがどんな背信行為に及ぶか、イエスにはよくわかっていたが、それでもなお愛し抜く。彼らの弱さをも含めて慈《いつく》しむというのだ。

もちろんそれだけではない。師亡き後の使徒らの苦難の人生に対する、溢《あふ》れるほどの憐れみの情もあった。ペテロたちは一度はイエスを見捨てるが、最終的には揺るぎない信仰に目覚め、キリスト教伝道に命を賭け、敵地に乗り込んで、ほとんどの者が壮絶な殉教を遂げるだろう。しかし今この時、そんな残酷な未来を誰ひとり想像だにせず、質素な食事に満足し、歓談しているのであった。

やがて頃あい良しとみて、イエスは厳《おごそ》かに立ち上がる。使徒らはいっせいに口を閉じた。

イエスは目の前の硬く平たいパンを取りあげ、天をあおいでこれを祝してから小さく割《さ》き、ひとりひとりに渡して言った、「取りて食《くら》へ、これは我が体なり」。またワインも同じように廻し、「なんぢら皆この酒杯《さかずき》より飲め。これは契約のわが血なり、多くの人のために、罪の赦《ゆるし》を得させんとて流す所のものなり」。

イエスの肉としてのパン、イエスの血としてのワイン。ここに神との新たな契約(=新約)が結ばれた。これまでの聖書が神との旧《ふる》い契約だったがゆえに旧約聖書と呼ばれ、イエス以降の聖書を新約聖書と呼ぶのはこのためである。

使徒らは神妙《しんみょう》な面持ちでパンを受け取って食べ、順次ワインを飲んだ。さっきまでの明るい雰囲気は失われ、蠟燭《ろうそく》の揺らめく炎が闇の濃さをいやでも意識させる。壁には十三の黒い影が浮かびあがり、儀式は粛々《しゆくしゆく》と進んでゆく。誰もイエスの深い苦悩には思い至らず、契約の血を流すという言葉の意味もほんとうには理解できなかったが、それでも名状しがたい不安と恐怖にからめとられる。

食卓に仔羊がないのは、文字どおりイエス自身が犠牲の仔羊だからだろうか、今このエルサレムで、イエスは生贄《いけにえ》として殺されるのだろうか……皆それぞれ心に問いかけずにはおられない。

「まことに汝らに告ぐ」、イエスは言った、「汝らの中の一人われを売らん」。

低い声だったにもかかわらず、雷が大音量で轟《とどろ》いたように、それは激烈な作用をもたらした。使徒たちのある者はのけぞり、ある者はイエスにすがりつこうとし、また互いに顔を見合わせたり立ち上がりかけた。持っていたパンを落とす者、胸に手を当てる者、恐ろしさに目をつむる者までいた。驚愕《きようがく》と動揺の瞬間が過ぎ去ると、今度は口々にイエスへ問いかけるのだった、「主よ、我なるか」と。

イエスにしてみれば、これほど悲しく情けないことはなかったろう。愛弟子たちは否定するより先に、裏切るのはこのわたしでしょうか、と聞いてきたのだ。どれもこれも己に確信が持てず、イエスに保証を求めるのだ。絶対にそんなことはしないと自信のある者は、唯のひとりもいなかった。つまり彼らは皆、このままではいつかイエスの考えについてゆけなくなるかもしれないと、心のどこかで感じていたということではないか。この脆《もろ》さ、あやふやな信仰心が、やがてはペテロの否認や全員の逃亡へとつながってゆく。

この時ユダもまた白々《しらじら》しく仲間と口をそろえたのだが、先述したように、呼びかけは「主よ」ではなく、「ラビ、我なるか」だった。イエスを救世主と信じていなかったからであり、自分の裏切りがばれるはずはないと高を括《くく》っていた。大祭司カヤパから得た銀貨三十枚も、皮袋に入れて握っていた。ところがこの後イエスにじっと見つめられ、「なんぢが為《な》すことを速《すみや》かに為せ」と言われて初めてぞっとする。はじめかれたように椅子から身を起こしたユダは、後ろもふり返らず階段を走り下りて行った。

再び部屋は静まり返る。

過越の晩餐は、使徒らにとって思いもよらぬ酷《むご》い終わり方だった。彼らは黙々とテーブルを片付けた。この部屋は食事時間のみの借用なので、食べ終えたら出てゆかねばならない。最後に皆で讃美歌をうたい、冷気の下りはじめた夜の町へ出た。

今夜はエルサレム城外で野宿の予定だ。門をくぐり、神殿裏手に位置するオリーブ山へ向かう。歩く道々、イエスはまた怖ろしい予言を口にした、「今宵なんぢら皆われに就《つ》きて躓《つまず》かん」。

躓くとは即ち、イエスへの信仰を失う、という意味だ。熱血のペテロは反撥《はんぱつ》して答えた、たとえ他の者が躓こうと自分だけは決してそんなことはない、と。しかしイエスは悲しげな目をペテロに向け、「まことに汝に告ぐ、こよひ鶏《にわとり》鳴く前に、なんぢ三《み》たび我を否《いな》むべし」。夜明けまでの短い間に、おまえは三度も、イエスなど知らない、と否定するだろう、と。

これはペテロを痛打した。彼は目に涙を浮かべ、「我なんぢと共に死ぬべき事ありとも汝を否まず」と、必死でイエスに訴えた。他の使徒らも口をそろえて、ペテロに限ってそんなはずはないと弁護したが、イエスはそれ以上はもう何も語らず、沈黙の中にこもった。

惨めな思いを抱え、ガリラヤの男たちはとぼとぼ歩き続け、半時間ほどで、オリーブ山の麓《ふもと》にあるゲッセマネの園に至る。ゲッセマネとは、もともとは「オリーブ油を搾《しぼ》る場所」という意味。オリーブ搾油がおこなわれていた畑なので、そういう地名となっていた。

ドメニコ・ギルランダイオ
（1449〜94年）
『最後の晩餐』
（1480年代、フィレンツェ、サン・マルコ修道院）

ここが彼らの今宵の目的地だった。

第10章

ゲッセマネ

ジオット・ディ・ボンドーネ
（1267頃〜1337年）

『ユダの接吻』

（1304〜05年頃、フレスコ、200×185cm、
パドヴァ、スクロヴェーニ礼拝堂）

裏切りの色、淡黄色のマントを拡げ、ユダはイエスに接吻する。それを合図に神殿警護兵や群衆が、わっとばかりイエスを取り巻く。騒然たる中、画面左でペテロが短剣をふりかざして敵の耳を切り落としている。

ゲッセマネには常緑性の高木、オリーブが、畑とは思えないほど乱雑勝手に生い茂《お》っている。未だ花の咲く時期には早く、香りはない。頭上には星が無数に瞬《また》き、大気はいよいよ冷え込みを増したが、野宿する巡礼者たちが至る所に藪《やぶ》のような塊《かたまり》を作っていた。イエス一行は、小さな洞窟（後世、「ゲッセマネの岩屋」と呼ばれることになる）を見つけた。

そこに使徒らを休ませたイエスは、ペテロ、大ヤコブ、ヨハネの三人のみを従え、さらに少し山の上へ進んだ。自分たちだけになった時、初めてイエスは愛弟子も愕然《がくぜん》とするほど思いつめた表情を見せ、「わが心いたく憂《うれ》ひて死ぬばかりなり。汝ら此処《ここ》に止《とどま》りて我と共に目を覚しをれ」。死ぬほど苦しく切なくやるせなく、胸が張り裂けそうだから、自分がもどって来るまでここで起きて待っていてほしい、つまり別の場所で祈りをあげる自分とともに、あなたたちもここで祈っていてほしい。

三人にそう言い置き、イエスひとり、さらにまた上へ登る。本当にひとりきりだった。荒野《あらの》の修行以来、ほとんど常に弟子や賛同者、治療の奇蹟を求める多くの人々に取り囲まれた毎日を送ってきたイエスだが、迫りくる運命を前に、弱く孤独な人間の身として神に対峙《たいじ》し、最後の訴えをするつもりだった。それはまた、肉体的精神的苦痛を怖れる人間イエスによる、血を吐くような問いかけ――「なぜこのわたしが？」

——でもあった。いかにして「人間の部分」を捨て去るかという、まさに「死ぬばかり」の苦悶《くもん》であった。

イエスは倒れるように地にひれ伏し、額に脂汗《あぶらあせ》をにじませながら渾身《こんしん》の祈りを捧げた、「わが父よ、もし得《う》べくば此の酒杯《さかずき》を我より過ぎ去らせ給へ」。酒杯とは、待ち受けている運命、受難そのものを指す。

なんと正直な吐露《とろ》であろう、イエスは神に頼んだのだ、どうか助けてください、と。弟子に裏切られ、民衆に嘲《あざけ》られ、鞭《むち》打たれ、十字架上で苦悶の死を遂げる運命を、どうか避けさせてください、逃してください、許してください……。

神は答えなかった。無言であった。イエスはすでに選ばれており、それは変えようがない。神の沈黙、それが答えなのだ。ついにイエスは言った、「我が意《こころ》の儘《まま》にとにはあらず、御意《みこころ》のままに為し給へ」。受難を忌避《きひ》したがるこの心は、狭い小さな人間としての部分が感じるものでしかないのだから、全ては神にお任せいたしましょう、と。

くたくたに疲れ果て、イエスは立ち上がってペテロらの待つ場所へもどった。するといっしょに祈ってくれているはずの三人が、だらしなく眠りこけているではないか。イエスは彼らを起こし、わずかの時間すら起きていられないのか、誘惑に負けぬよう祈っていなさい、と叱った。それから誰にともなく、「実《げ》に心は熱すれども肉体はよわきなり」とつぶやき、再び元の場へ登ってゆくのだった。

まだ覚悟できていなかったのがわかる。人間イエスと神の子イエスはまだ烈《はげ》しく戦っている。使徒らへの言葉は、自らに対する叱咤《しった》でもあった。悪魔は己の中に巣喰い、絶えず弱さを突き、誘惑してくる。心はそのつもりでも、肉体が裏切ろうとする。決意したそばから、身が震える。イエスはさっきよりなお一途《いちず》に祈り、もう大丈夫と神に呼びかけた、「わが父よ、この酒杯もし我飲までは過ぎ去りがたくば、御意のままに成し給へ」。

「過ぎ去る」という言葉に、過越祭《すぎこしのまつり》が意識されている。かつて災いは仔羊の血を門に塗りつけたユダヤ人の家は過ぎ越してゆき、そうしなかったエジプト人の家に襲いかかった。今もしイエスが犠牲の仔羊の役割を担わなければ、神罰は人々の上を過ぎ越してゆかないだろう。ならばどんなに辛くとも、受難を引き受けねばならない。神の御心がそうならば従います、とイエスは言ったのだ。

そうしてようやく山を下ると、情けないことにペテロたちはまたも眠っていた。「目覚めていること」は、人間にとってそれほどにも難しいことなのだ。魂を常に覚醒させていたいと願っても、瞼《まぶた》の重みに抵抗できない。願望や意志とは裏腹に、彼らには

アルブレヒト・アルトドルファー
（1480頃〜1538年）
『ゲッセマネの祈り』
（1515年、リンツ、ザンクト・フローリアン修道院）

行動が伴わない。イエスの受難にあたって何もしようとしない、その裏切りへの伏線ででもあるかのように、彼らは眠っていた。師の苦悩に思い至らないというより、怖ろしい現実を忘れたくての眠りだったかもしれない。イエスはもはや彼らを叱りも起こしもしなかった。ただ悲しく、ひたすら悲しく、またも決意が揺らぐのを感じたのであろう、踵《きびす》を返し、三たび登りはじめる。

先ほどと同じ場所で、同じように身を投げ出し、同じ祈りの言葉を唱えた。愛弟子たちの唱和もない、孤独な祈り。ひとりで耐えねばならない、この重責。どんなに愛しても許しても、裏切られる定め。イエスは祈った。神に問い、自分に問うた。人間は弱い。誘惑に負け、堕落しやすく、いとも簡単に裏切る。だが、だからこそ救わねばならない。にもかかわらず愛さねばならない。愛の極みまで愛さねばならない。

今度という今度こそ、手応えが感じられた。喚《わめ》き叫びたい胸の痛みも鎮《しず》まった。御心のままに従います、とイエスは力強く天に向かって呼びかけた。ここで完全に吹っ切れた。人間イエスにしつこくまとわりついていた怖れや不安、怯《おび》えや躊躇《ちゆうちよ》、神に選ばれしことへの懐疑は、ことごとく洗い流され、イエスは聖なる存在としての自分——肉体は弱い人間のまま、神の子であるという自分——を素直に受け入れた。この世の肉体的苦痛を極限まで体験する覚悟もついた。あとはもう、定められたとおりのことが起こるだけだ。

イエスは前にも増して静かな面持《おもも》ち、前にも増して悲哀の眼差しで、弟子たちのところへもどった。眠る彼らを見下ろし、「今は眠りて休め」とそっとつぶやく。

どのくらい時が過ぎたろう。そう長くはなかったようだ。山の麓《ふもと》から、いくつもの松明《たいまつ》の明かりが近づいてきた。ゲッセマネの闇が少しずつ払われ、揺らめく炎の下に、剣《つるぎ》や槍《やり》や棍棒《こんぼう》を持つおおぜいの男たちが見える。祭司長や律法学者らが遣《つか》わした、神殿警護兵や下僕《げぼく》、また彼らに煽《あお》られた付和雷同の群衆だ。イエスは三人を起こし、「視《み》よ、時近づけり、人の子は罪人らの手に付《わた》さるるなり。起きよ、我ら往《ゆ》くべし、視よ、我を売るもの近づけり」。

飛び起きた三人の使徒は、人の多さと武装に肝を潰《つぶ》す。しかもその先頭に立つのは、仲間のユダではないか。裏切り者の色たる淡黄色のマントをまとったユダは、イエス一行がこの夜ゲッセマネで野宿と知って、兵らを導いて登ってきたのだ。

ユダは勝ち誇ったような表情で、まっすぐイエスに近寄り、「ラビ」と呼びかけ、抱《ほう》擁《よう》、接吻《せっぷん》した。束の間、イエスとユダの視線は交差した。ユダはイエスの目の奥に何を見たろうか。裏切り行為を見透かされていたことは、最後の晩餐の際すでにもう気づいている。だからこの時ユダが見たのは、彼が想像だにしなかったものではなかったか。怒りや軽蔑なら理解できる。だがイエスの目に浮かんでいたのは、ユダの理解をはるかに超えていた。それは赦《ゆる》しであった。裏切り者の自分をイエスは赦し、憐《あわ》れんでいる。ユダは愕然《がくぜん》とした。

ともあれ、ユダの接吻、裏切り者の接吻、それが合図だった。

敵は、わっとばかりイエスを取り囲む。

松明の火の粉が狂える蛾のごとく舞い、槍や剣の触れ合う鋭い音が夜空を幾度も突き刺した。怒号《どごう》の飛びかう押し合いの中、ユダは弾《はじ》き出され、三人の使徒は師を助けようと人垣をかき分ける。ペテロは咄嗟《とっさ》に短剣をふりまわし、近くにいた祭司長の下僕に切りつけて、その右耳を削《そ》ぎ落とした。鮮血が飛ぶ。

剣を収めよ、とイエスはペテロを止め、「剣《つるぎ》をとる者は剣にて亡《ほろ》ぶるなり」と諫《いさ》めながら、負傷者の耳に手をあててそれを癒した。全ては瞬《またた》く間の出来事だった。耳を切られた痛みで悲鳴をあげていた下僕は、イエスの掌の温かな感触と、直後の痛みの消滅に驚倒した。恐る恐る触ってみれば、落とされたはずの耳が無疵《むきず》でちゃんとついているではないか。夢だったのか。しかし手や服には血がべっとりついたままだ。シヨックで腰が抜け、起きられない。誰もこの出来事を見ていなかったのか、地面に座ったなり腑抜《ふぬ》けのように動けない下僕に、注意を向ける者はいない。

兵が乱暴にイエスを縛りあげ、捕まえたぞ、の怒鳴り声が響きわたる。群衆の雄叫《おたけ》びが呼応する。オリーブ林の夜を震わせるその歓声を背に、ペテロも大ヤコブもヨハネも、さらには下の洞窟で休んでいた他の使徒たちも皆、蜘蛛《くも》の子を散らすように逃げ出した。ただもう我が身第一で遁走《とんそう》し、誰ひとり、逮捕されたイエスに寄り添おうとしなかった。

敵に言わせれば、それこそがまさにイエスの人徳のなさだ。目の前で弟子全員に背《そむ》かれた師ほど、侮蔑されてしかるべき存在はない。昼間のあの人気ぶりを見て、多人数で武装して来てみれば、何のことはない、助けようとする者などどこにもいないばかりか、もっとも身近な愛弟子たちにさえ裏切られる男だ。自分を神だの預言者だのと思っているらしいが、聞いて呆れる。これまでも掃いて捨てるほどいた、単なる騙《かた》り屋だ。こんな男をなぜ闇討ちのようにして捕縛《ほばく》せねばならなかったのか、祭司長らも取り越し苦労をしたものだと、末端の兵士らは嘲笑《あざわら》い、イエスを小突きながら山を下り、エルサレムの城内へ向かう。

——使徒らは後ろもふりかえらず、ばらばらに逃げ散った。

だがペテロだけは、途中で壁に激突したかのように立ち止まる。こけつまろびつ、しばらく走ってからだ。手近のオリーブの木に背をもたせかけ、荒い息を吐きながら真っ先に思い出すのは、自分の言葉だった。他の者がイエスへの信仰を失っても、わたしだけは決してそんなことはない、死も共にすると、あんなにも熱く誓ったのは、つい数時間前の、ちょうどこのあたりではなかったか。その舌の根の乾かぬうち、師を見捨てて逃げ出した……。

ペテロは息をととのえ、マントのフードを目深にかぶって、来た道を喘《あえ》ぎながらもどった。群衆の最後の列が、ゲッセマネを出てゆくところだ。彼らはイエス逮捕の目的を無事果たし、賑やかに陽気にのんびり歩いている。知らぬ者が混じっても気づきもしない。ペテロはさりげなく列についた。いや、ひとりだけこちらに目を向けた者がいる。肩に血糊《ちのり》がこびりついていた。さっき自分が耳を切り落とした下僕だ。ペテロを見て目をみひらいたので、何か言われるかと身構える。けれど下僕はあわてて顔をそむけ、無意識に耳をかきはじめる。傷ひとつない耳だった。

ペテロは少しずつ前方へ移動した。先頭近くにまで追いつき、城門をくぐる。列は、神殿のトップに君臨する大祭司カヤパの邸宅へ向かっていた。不安と焦燥にかられるせいか、ペテロにはいつになっても到着しないように思われた。カヤパの住まいはオリーブ山から見ると、ちょうど対角線の一番下あたり、エルサレム市内南西部に位置し、遠い。もちろん早く着いてほしいわけではない。むしろ永遠に到着しないでほしい。こうやって歩いている限り、イエスの予言は実現したことにならないからだ。兵には捕まったが、正確にはまだ「祭司長・学者らに付《わた》され」てはいない。だからもしここで助けることができれば、あるいは、とペテロは虚しい想像をめぐらせた。

めぐらせているうち、とうとう邸《やしき》に着いてしまう。助けるどころか、臆してイエスに近寄ることさえできないままだ。それでも決死の覚悟でペテロは、先頭集団とともに石の階段を上って邸の敷地へ足を踏み入れた。すでにイエスは少数の兵に引き立てられ、邸内のどこかへ連れてゆかれた後である。中庭には、兵や下僕、いくたりかの野次馬らが残され、寒いので焚き火で暖をとりながら噂話に興じはじめる。ペテロは目立たぬよう柱の陰に立て膝して座り、彼らの話に耳をすませた。

どうやら邸内で深夜の尋問が行なわれるらしい。イエスを弁護しそうな祭司長は呼ばれず、処刑賛成の祭司長、律法学者、長老らの一団だけで結論を急ぐ魂胆だという。まず死刑ありき。すでに決めていることを、一応見せかけだけは取り繕《つくろ》おうというわけだ。明日は磔刑《たっけい》者がひとり増えるぞ、との兵の言葉に、ペテロは震えがとまらなくなる。

たまたま邸から出てきた召使いの女が、そんなペテロにふと目をとめ、耳障りな声で言った、あなたはナザレ人イエスの仲間ではないか。

火にあたっていた人々が、いっせいにふりかえる。ペテロはすぐさま立ち上がり、人違いだ、と言い捨て、邸の外へ出た。そこには、敷地へ入れなかった多くの群衆が屯《たむろ》しており、走り出てきたペテロは人目を引いた。フードも外れ、顔はむき出しになっている。さっきとは別の召使女が、イエスといっしょにいた男だ、と指さす。イエスなど知らない、とペテロは怒鳴った。すると今度は複数の者が取り囲み、確かに見た顔だ、ナザレ地方の訛《なま》りもある、イエスの仲間だろう、と口々に言い出す。ペテロは重ねて、「我その人を知らず」と強く否定した。

その時だ。遠くで、しかし耳をつんざくように鶏が鳴いた。ペテロを糾弾《きゆうだん》するかのように、また良心の悲鳴であるかのように、鶏が鳴いた。

「鶏鳴く前に、なんぢ三《み》たび我を否むべし」

イエスの言葉がありありと蘇る。

ペテロは、詰め寄ってくる男たちを突き飛ばし、走り出した。狭い曲がりくねった小路を右に左に、上に下に、息の続く限り走りに走り、袋小路になった人けない場所まで来て足を止める。もはや走る力は残っていない。薄汚れた壁に手をつき、辛《かろ》うじて体を支えたが、足もとから崩れるように脱力し、ずるずる地の底までも沈み込む気がした。惨めさに全身がねじ切れるようだ。壁に顔を擦《こす》りつけ、ペテロは全身ですす

ヘリット・ファン・ホントホルスト
(1590〜1656年)
『聖ペテロの否認』
(1623年頃、ミネソタ、ミネアポリス美術館)

り泣いた。
空が明るみはじめていた。

第11章 裁判

ヤコポ・ティントレット
（1518〜94年）

『ピラトの前のキリスト』
（1566〜67年頃、油彩 カンヴァス、515×380cm、ヴェネチア、サン・ロッコ同信会館）

ローマ総督ピラトがイエスから顔をそむけ、祭司や兵や群衆にはっきり見えるように両手を洗うシーン。イエス磔刑に自分はいっさい手を染めていない、何の関わりもない、とのパフォーマンスである。

ペテロが三度も否定していたころ、イエスは大祭司カヤパ邸の広間に立たされていた。そこでは深夜にもかかわらず、異例のユダヤ最高評議会が開かれ、カヤパを中心に、祭司長、律法学者、長老など、以前からイエスの死を望んでいたサドカイ派とパリサイ派の面々が、手ぐすねひいて待ち構えていた。

当時の大祭司の地位は領主とほぼ同等で、支配者ローマ帝国の意向に反しない限り、思うさま政治権力が振るえた。カヤパはこれまで、自分が一段高い場所から睨《にら》みをきかせるだけで罪人を震え上がらせてきたため、神殿警護兵に小突かれながら入室したイエスの、何ら臆することない態度に不快感を隠せなかった。この痩《や》せた貧乏人は、自分の立場をわかっていないのではないか。カヤパは最高評議会の名のもとに集めたおおぜいの証人に、矢継ぎ早に証言させた。ところが、有罪ありきで臨んでいる者ばかりだというのに、しかもその偽証に対しイエスがいっさい反論しないにもかかわらず、反逆罪の立証は難しかった。決定的証拠がひとつもない。

どうして黙っているのだ、何か言ったらどうだ、とカヤパは声を荒らげた。裁判自体が茶番劇だということをカヤパ本人は承知していたが、イエスもまたそれを知り、なお人ごとのように平静さを崩さないでいるのが、許しがたいほどふてぶてしく感じられる。

大祭司は威嚇《いかく》するかのごとく立ち上がり、詰問した、「我らに告げよ、汝はキリスト、神の子なるか」。

ここで初めてイエスは静かに答えた、「なんぢの言へる如し」。

カヤパはついに言質《げんち》を取ったと喜び、これ以上もう証人を呼ぶ必要はない、今、皆も聞いたように、この男は神の子を偽称し、聖書を冒瀆《ぼうとく》した、それは「死に当《あた》れり」と宣言した。同時にこの死刑判決を絶対覆《くつがえ》さぬ証として、大仰《おおぎょう》に自分の衣を引き裂いてみせた。居並ぶ人々は騒然となる。死刑だ、死刑だ、と声は漣《さざなみ》のように広間から廊下へ、廊下から中庭へ、中庭から門外へと伝わっていった。

ユダはどこにいたのだろう?

兵や下僕らといっしょにカヤパ邸まで来たのは確かだが、審問の場には入れなかったろうから、広間のドアの傍《かたわ》らか、あるいは廊下、もしかすると中庭にいて、先ほどまでうずくまっていたペテロにも気づいていたかもしれない。

ユダは思いつめていたはずだ。ゲッセマネでイエスを抱きしめ接吻《せっぷん》した時、初めてイエスを独り占めし、イエスの運命を我が手に摑《つか》んだと勝ち誇った時、イエスのあの視線にぶつかった。あれは何だったのか? なぜ裏切り者の自分を、あれほどにも優しい哀しい憐《あわ》れみあふれる目で包み込んだのか。裏切りの反動に無自覚だったユダは、イエスの眼差しの意味を未だとらえあぐね、もがき続けていた。

そんな彼の耳にも死刑確定の声が届く。結果はわかっていたはずなのに、衝撃は大きい。その大きさは予想外であった。裁判は終わり、祭司長らが出て行くのと入れ替わりに、広間へは人がなだれ込んでゆく。ユダも後ろに隠れるように、こそこそ入っていった。イエスは両手を縛られ、布で目隠しされていた。それを取り囲み、兵やら下僕やらが唾《つば》を吐きかけ、拳《こぶし》で殴りつけ、キリストなんだから誰が叩いたかわかるだろう、言ってみろ、などと嘲《あざけ》っている。猫にいたぶられる鼠のように、イエスは黙ってされるがままだ。いたぶられながらも、しかし何ものもイエスを卑《いや》しめる力のないことは、あまりに明らかだった。

もう見ていられない。ユダは祭司長らを追いかけ、銀貨を返そうとして言った、「われ罪なきの血を売りて罪を犯したり」。無実の人を売った自分こそ罪人なのだと訴えたのだが、彼らの返事は当然のことに冷ややかなものだった。裏切り者の反省に耳を貸す人間などいない。金の受け取りも拒み、自分たちには関係ない、どうにでもしろ、と言い捨ててユダを置き去りにした。

絶望したユダは神殿まで走ってゆき、聖所へもぐりこんで三十枚の銀貨を床に叩き

ピエトロ・ロレンツェッティ
（1280/85～1348年頃）
『首を吊ったユダ』
（14世紀、アッシジ、サン・フランチェスコ修道院）

つけてばらまくと、よろめきながら城門を出て、何かに追われるように陶器職人の畑へ入り、誰かに急《せ》かされるように木の枝に縄を巻き、そして……首を縊《くく》った。

首が折れた瞬間、まるで呪いのように腹が爆裂し、内臓がことごとく——さっきの銀貨と同じく——飛び散って、夥《おびただ》しい血が地面になだれ落ちた。そのためここは後世、「血の畑」と呼ばれるようになる。


——すでに夜が明けていた。

カヤパたちはイエスを引き立て、ローマ総督ピラトの官邸へと急いだ。ユダヤ人には裁判の権利はあっても死刑執行権がないので、ローマに委ねなければならない。

総督ピラトも、しばらく前からイエスの噂は聞いていた。神殿の店を壊したり、祭司長や律法学者を批判したり、不治の病人たちを次々癒してきたとの噂だ。死者をも生き返らせたというが、全く信じられない。ともかく、ひっきりなしに現れる自称預言者のひとりが、サドカイ派らに異議申し立てをしている、という程度の認識であった。ローマ人たるピラトにとっては、占領地における宗教界の内紛になど、さして興味はない。

それを承知の大祭司カヤパは、イエスが自らをユダヤ王キリストと騙《かた》ったということより、国民を惑わしてローマへの反逆を企てたという点を強調した。その滔々《とうとう》たる告発を聞きながら、ピラトは目の前のイエスをつくづく見やった。政府転覆を図ったこれまでの反乱軍リーダーとはおよそかけ離れた、驚くほど物静かな佇《たたず》まいだ。カヤパの邸《やしき》でさんざん殴られたらしく、顔は腫《は》れ、唇に血が滲《にじ》んでいるが、痩身には清々《すがすが》しささえ漂い、告発者の側のほうがよほど胡散臭《うさんくさ》い騙り屋に見える。

反論しないのか、とピラトはイエスに尋ねた。自己弁護や命乞いのチャンスを与えてやるつもりだった。ところがイエスは一言も発しない。かといってことさら反抗的というのでもなく、ただじっと黙っている様子は、何か不思議にこちらの胸をかき乱すものがあった。大祭司がまた長口舌《ちょうこうぜつ》をふるいそうになったので、ピラトは再び尋ねた、「なんぢはユダヤ人《びと》の王なるか」。すると思いがけずイエスは答えて曰く、「なんぢの言ふが如し」。

周囲は色めきたったが、ピラトは気にかけず、「われ此の人に愆《とが》あるを見ず」。イエスは無実であり、神殿権力者側の妬《ねた》みから連行されてきたと見破ったのである。

大祭司は引き下がらなかった。ここで死刑執行できなければ、自分たちが二重に恥をかくことになる。カヤパは言い募った、イエスがガリラヤからやって来たのは、このエルサレムで蜂起《ほうき》するつもりだからだ、と。周りの群衆はカヤパの言葉に煽《あお》られた。

もともと神殿側が集めておいた味方がほとんどなので、そうだ、そうだ、と囃《はや》し立てる声は大きい。その声で新たに野次馬が加わってくるので、このままだといつ何がきっかけで暴動化するかわからない。近頃は反乱が続き、ローマ本国からピラトは統治能力を疑われていた。ただでさえ過越祭で人の数が多いのだからと、ピラトも不安になり、「ガリラヤ」という言葉を聞いたのをこれ幸い、ガリラヤ人ならば管轄《かんかつ》は自分ではなく、ガリラヤ領主ヘロデ・アンティパスであろう、ちょうど領主は今エルサレムに滞在中だから、そちらへ連れてゆくがよかろう、そう責任転嫁してさっさと背を向けた。

かくしてイエスは、今度はヘロデ・アンティパスの豪華な宮殿へと引かれてゆく。かつて幼子《おさなご》イエスを亡き者にしようと、ベツレヘムの幼児ことごとくを虐殺したヘロデ大王の、その不出来な息子がヘロデ・アンティパスだ。彼はまた、イエスに洗礼を施したヨハネの首を——自らの意志とは言えないまでも——刎《は》ねていた。そうした浅からぬ因縁《いんねん》については、しかし思いもせず、国民と完全に乖離《かいり》した領主は、イエスが連れて来られたのを喜ぶだけだった。マジック・ショーでも楽しむように、目の前で奇蹟を見られると思ってだ。

ローマ風に飾り立てた広間で、ヘロデ・アンティパスは飽食《ほうしょく》と怠惰による肥満体を揺すり、赤ら顔に満面の笑みを浮かべて言った、おまえが有名なイエスか、さあ、ここでも水をワインに変えてみろ、パンの数を増やしてみせろ、誰かに憑《つ》いた悪霊を追い払え。

イエスは無言だった。いつまでも黙していた。ヘロデ・アンティパスは気分を害し、臣下や衛兵といっしょになってイエスを偽預言者と愚弄《ぐろう》し、王だというならふさわしい身なりをするがよい、と滑稽《こっけい》なまでに派手なマントをはおらせてさんざん嘲笑《あざわら》った。同行してきた祭司長らにしてみれば、そんなことは時間の無駄で、早くイエスの死刑を確定してほしいと領主の決断を迫った。ヘロデ・アンティパスは再び不機嫌になる。イエスを洗礼者ヨハネの生まれ変わりと、心のどこかで信じていたため、ふたり続けて預言者を殺して祟《たた》られるのが怖い。ただし度胸がないと思われるのも嫌で、こんなどうでもいい男はピラトに返してやる、とだけ言って話を打ち切ってしまう。

ピラトのもとへ逆戻りだ。

一行はすでに長い列を形成していた。祭司長らを先頭に、イエスと連行兵たち、神殿側が集めた群衆、その後ろには多くの野次馬が次第に膨れあがりつつ続いた。中には親イエス派もいるにはいたが、出遅れたため数で圧倒され、うつむいて黙々と歩いている。さらにずっと離れて、母マリアやマグダラのマリアなどの女弟子たち数人が、影のように付き従った。ペテロら使徒が町のどこかに身をひそめ、亀のように縮《ちぢ》こまって頭を隠していたのに対し、彼女らは当局から危険視されていなかったこともあり、この後ずっとイエスの受難の道行きを、涙滂沱《ぼうだ》となりながら見守ることになる。

総督ピラトは、戻ってきた彼らにうんざりしながら、やむなく審理の席についた。イエスはと見ると、人の手から手に渡されるうち萎《しお》れ傷つく花のように、消耗して痛々しかったが、それでもなお凜とした気品は失われていない。

先ほどと同じくり返しが始まる。大祭司カヤパがイエスを糾弾《きゅうだん》し、イエスはいっさい反論せず、神殿側にそそのかされた群衆は生贄《いけにえ》を求めて騒ぐ。人々は、権威者が犯罪人と決めつけた相手に容赦《ようしゃ》はなく、悪人の処刑はお祭騒ぎの見せ物だったから、すでにして浮かれていた。

一方、ピラトの考えも先ほどと変わっていない。両手を鎖で交差して縛られたこのガリラヤ人は、神殿側が商人と結託して不当に利益を得ているのを批難したり、祭司らができなかった難病治癒を行なって彼らの顔を潰《つぶ》すものだから、憎まれ危険視されたにすぎない。一言、ローマへの反逆の意志などないと弁明すれば、証拠もないことだし、せいぜいが鞭《むち》打ちですむだろう。なのにイエスという男は、まるで自ら死を望むかのように沈黙の中に閉じこもっている。それが解《げ》せない。

ピラトは人々に向かい、妥協案を提示して曰く、総督の権利として、過越祭には囚人をひとり放免できる。反逆と殺人の咎《とが》により入牢中のバラバか、あるいはこの有罪証拠のないイエスの、どちらかひとりを自分は今ここで赦《ゆる》したい。

ピラトにしてみれば、ほんとうの重罪人バラバとイエスでは比べものにならない。誰もがそう思うはずだった。ムードに流されやすい群衆心理を、完全に読み誤ったのだ。大祭司が間髪いれず、バラバを、と叫ぶなり、皆は指揮棒に合わせる合唱団のように、バラバを、バラバを、と喚《わめ》きはじめた。怯《ひる》んだピラトが、「さらばキリストと称《とな》ふるイエスを我いかにすべきか」と問うと、またもカヤパが「十字架につくべし」と指揮し、大合唱が続くのだった、「十字架につくべし」「十字架につくべし」!

その熱狂は、押しとどめようとすればかえって暴動へと発展しかねないほど激しいものだった。はじめこそ祭司長らに焚《た》きつけられていた群衆だが、今やその勢いは勝手に自己増殖し、祭壇に犠牲の仔羊を引っ張ってゆくように、イエスを磔刑《たっけい》の場へ連れてゆくまで収まりそうもない。わらわらと増え続ける群衆の中には、すでに意見の対立からか、小競《こぜ》り合いをはじめる者までいて、一触即発の殺気すら漂う。やむなくピラトは、支配地を平定するという総督本来の役目にたちかえることにした。水を持ってくるように、と彼は侍従に命じた。その水で手を洗って自らの潔白をアピールしつつ、周りを睥睨《へいげい》してこう言った、「この人の血につきて我は罪なし、汝等《なんじら》みづから当《あた》れ」。イエスの処刑に、ローマ人たる自分は無関係だ、責任はおまえたちユダヤ人で取れ、と突き放したのだが、雪崩《なだれ》をうって突き進む群衆は、なんら恐れもためらいもなく、「その血は、我らと我らの子孫とに帰すべし」と、歴史におけるユダヤ人観を決定づける答えを返すのだった。

ピラトは自らの無力に蒼白《そうはく》となりながらも、まずバラバを釈放し、続いてイエスの磔刑を命じた。バラバは歓呼の拍手で迎えられ、人ごみの中へ消えてゆく（その後の消息は知られていない）。イエスは神殿警護兵の手から、鉄兜《てつかぶと》をかぶったローマ兵へと渡された。磔刑の前には鞭打ちが恒例《こうれい》だ。円柱に縛りつけられた下穿《したば》き一枚のイエスを、数人のローマ兵が、棒の先に皮紐や金具をつけた鞭で、三十九回打ちすえた。これ以上だと罪人を死なせてしまうため、ぎりぎりの回数とされている。空気を裂いて鞭がうなるたび、皮膚が破れ、血が滴《したた》ったが、イエスの呻《うめ》き声は群衆の喚声《かんせい》にかき消された。彼の苦悶《くもん》は人々に同情を起こさせるどころか、残酷な歓びに拍車をかけるばかりであった。

息も絶え絶えに膝をつくイエスに、さらなる嘲笑が待っていた。ユダヤ王なら王冠が必要であろうと、誰かがわざわざ茨《いばら》の冠を編《あ》み、乱暴にかぶせたのだ。鋭く太い棘《とげ》

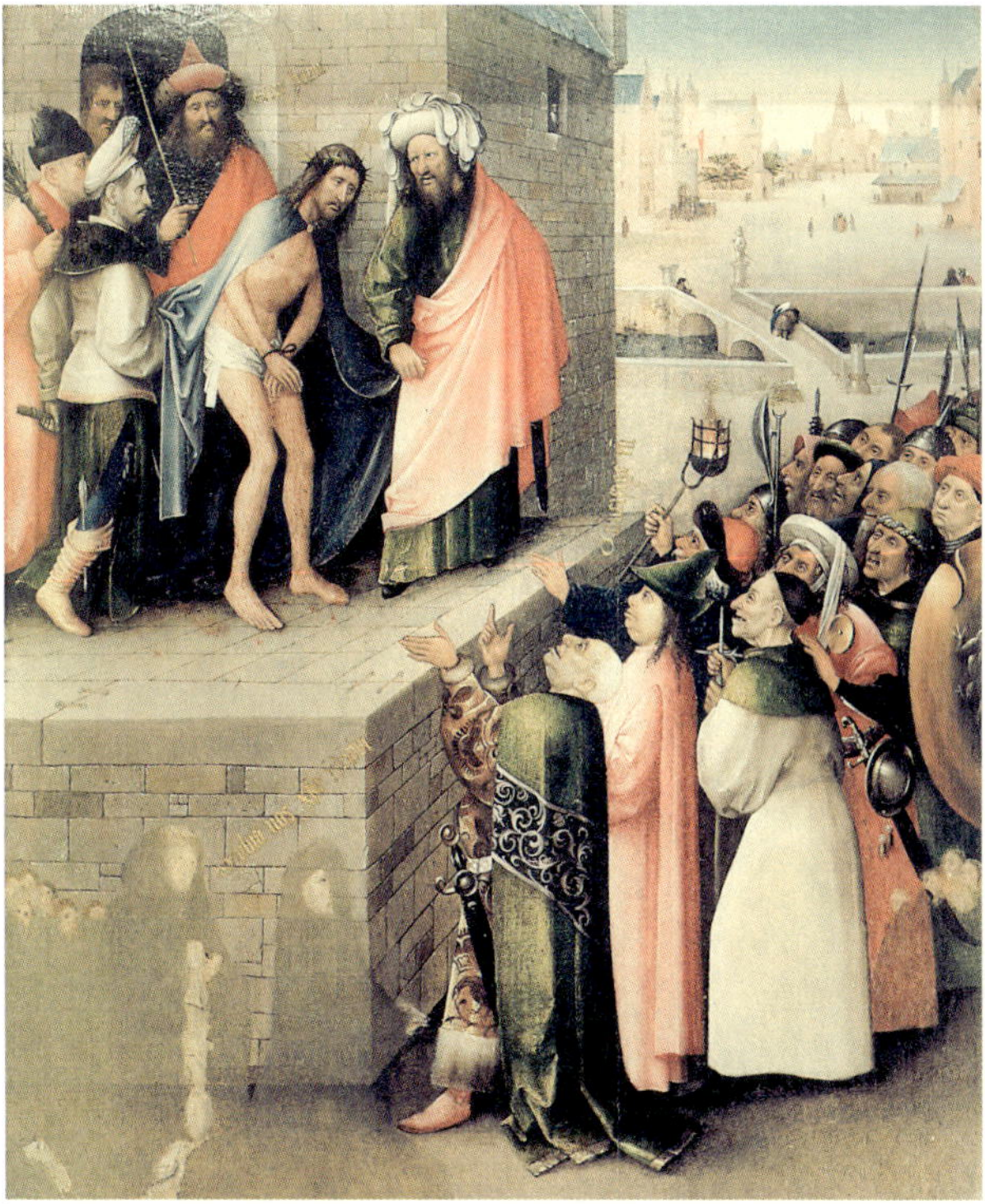

ヒエロニムス・ボス
(1450〜1516年)
『この人を見よ』
(1500年頃、フランクフルト、シュテーデル美術研究所)

はイエスの頭や額を容赦なく突き刺し、鞭打たれた身体同様、頭部からも血を吹き出させた。そのありさまをまた皆は笑い、イエスの前にわざわざひれ伏して拝んでみせる者、唾《つば》を吐きかける者、さらに平手で叩く者まででる始末だ。

我関せずと決めたはずのピラトだったが、ここでまた割って入らずにおれなかった。イエスがいっさい抵抗もせず、自分に苦痛を与え嘲笑する者たちに怒りも向けず、哀願もせず、ただ目に憐れみの色を浮かべ、じっと耐えているのを見て、たまらなくなったのだ。

この者にいったい何の罪があるというのだ、ピラトはそう言いながら、傷だらけのイエスを皆の前へ押し出して、「エッケ・ホモ（＝この人を見よ）」と叫んだ。見る眼さえあればわかるはずだ。イエスが罪なき者だということが。そしてもしかしたら、ひょっとしたら、ほんとうに神の子かもしれない……。

だが盲目の民に、イエスの真の姿は見えなかった。ピラトの最後の、ふりしぼるような訴えに対しても、十字架にかけよ、十字架にかけよの怒濤《どとう》のリフレインが返るばかりだ。ピラトはちらりとイエスに目を走らせたが、思い切るように兵へうなずいてみせた。この件から完全に手を引いたのだ。死刑判決は覆らなかった。イエスは大衆の玩具《がんぐ》となって、予言どおり、磔刑への道を歩き始めることになる。

第12章 磔刑

ディエゴ・ベラスケス
（1599〜1660年）

『キリストの磔刑』

（1632年頃、油彩 カンヴァス、248×169cm、
マドリッド、プラド美術館）

西洋における最多の図像といえば、キリスト教の中心概念を示す磔刑図だ。中でもベラスケスの本作品は最も美しいイエス像と言われる。打ち込まれた釘の数は３本説と４本説があり、ここでは後者が採用されている。

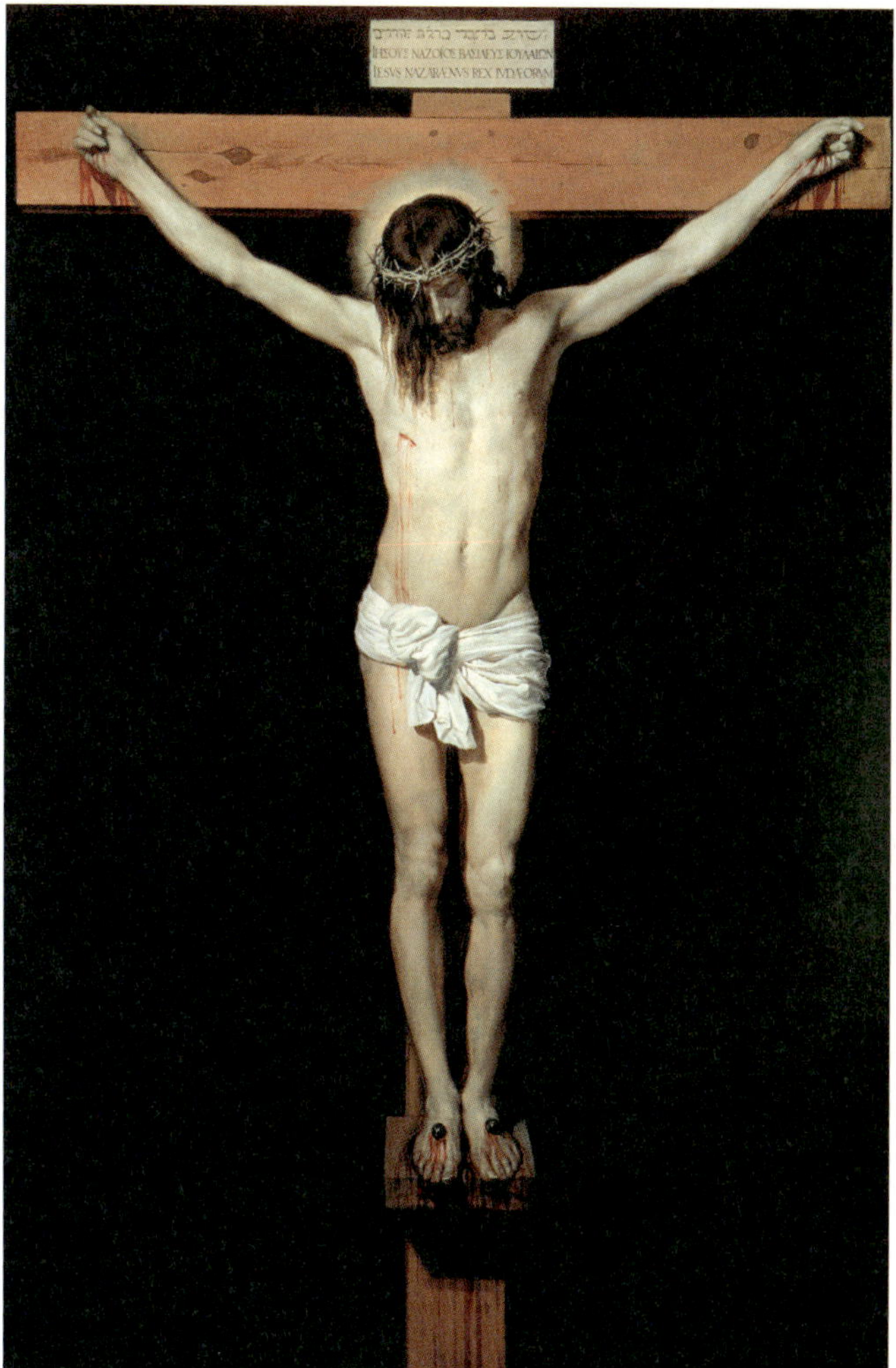

今や巡礼路というより大観光コースとなっているヴィア・ドロローサ（「十字架の道」または「悲しみの道」）は、茨《いばら》の冠をかぶせられたイエスが、縦木三メートルという重い十字架を背負い、処刑場までよろめき歩いた、およそ一キロの道のりである。巡礼者や観光客はイエス・キリストの苦しみに思いを馳《は》せながら、ヴィア・ドロローサに設けられた十四のステーションを辿《たど》ってゆく。起点（第一ステーション）は、神殿の北側。かつて総督ピラト邸があった場所だが、現在ではアラブ人の通う小学校が建っている。そこを出てすぐのところが、十字架を負わされた場所（第二ステーション）。イエスの他に、以前から磔刑《たつけい》が決まっていた二人の強盗もいっしょに出発する。西へ西へとまっすぐ進むこのあたりは商店の立ち並ぶ繁華街であり、犯罪者を人前に晒《さら》すのを目的として選定されたものだ。やがてT字路に突き当たり、イエスが最初に倒れた地点（第三ステーション）になる。兵らに蹴《け》られ怒鳴られ、必死で立ち上がって道を左へ、つまり南へと曲がった時、群衆の中に母マリアを見つけ、互いに目を見交わす（第四ステーション）。さらにその狭い小路を進み、今度は右へ折れてまもなく、兵はイエスがもはや十字架を運ぶ余力のないことに気づき、たまたま近くで見物していたアフリカ出身のクレネ人シモンに命じて、いっしょに十字架をかつがせる（第五ステーション）。

家々の密集する小路が続く。イエスの歩みが遅くなりだし、人込みの中から若い女性ヴェロニカが走り出てくる。兵に怒鳴られるのを覚悟で彼女は、ヴェールでイエスの額の汗を拭く（第六ステーション）。奇蹟が起こり、そのヴェールにはみるみるイエスの顔が出現する（この聖顔布は、かつてカトリック総本山たるヴァチカンのサン・ピエトロ大聖堂に、聖遺物として収められていたが、現在は行方不明）。

また少し進んだところで、イエスは再び倒れる（第七ステーション）。壁に手をついて立ち上がり、また少し歩いたところで、後ろから女たちが泣きながらついてくるのに気づく。「エルサレムの娘よ、わが為《ため》に泣くな、ただ己《おの》がため、己が子のために泣け」と、振り返って言葉をかけた（第八ステーション）。旧城壁（現在よりずっと内側にあった）の少し手前で、イエスは三度目の転倒（第九ステーション）。

城門を出ると、もう目の先には小高い丘。ゴルゴタの丘だ。されこうべ、即ち髑髏《どくろ》の丘の意。小山の形が頭蓋骨に似ていたためとも、白い岩や石がごろごろころがり、中には埋葬されず放置された髑髏もまじる殺伐《さつばつ》たる場所だったから、とも言われる。ここには四世紀に初めて聖堂が建てられ、今は広大な聖墳墓教会となっているため、イエス時代の面影は想像で補う他ない。第十ステーションは聖衣剝奪《はくだつ》の場、第十一ステーションは十字架建立の場、第十二ステーションは逝去の場、第十三ステーションは

ジャン・フーケ
(1415/20頃〜81年以前)
『十字架を担うキリスト』
(1445年頃、シャンティイ、コンデ美術館)

遺体に香油の塗られた場、最後の第十四ステーションは埋葬所であり、且《か》つ復活の場。

第十から第十四ステーションは、全て現聖墳墓教会内にある。

――イエスがゴルゴタの丘への一歩を踏み出したのは、十三日の金曜日、早朝だった。総督邸の上階から、ピラトが複雑な表情で見送った。すでにもう地獄のごとき炎暑である。水も飲ませてもらえず、汗と血は混じりあって流れ続け、さんざんに鞭打《むち》たれた疲労と出血により、イエスの衰弱は極限にまで達していた。本来は瘦《や》せてはいても頑健なイエスが、途中で三度も倒れたのはそのためだ。

三人の罪人がローマ兵に刑場へ引き立てられる行列は、残酷な見世物となり、山なす人垣を作った。ほとんどは他国から来た巡礼者なので、イエスのことなど全く知らない。残りはエルサレム居住者だったが、先日入城したばかりのイエスの説教をまだ聴いていない者が多い。そういう人々は罪状――ユダヤ王を騙《かた》って神殿を侮辱し、安《あん》息日《そくび》を守らず、ローマへ反逆を企てた――を聞かされれば、そのまま鵜《う》吞《の》みにしてしまい、磔刑も当然と信じて、イエスに批難の視線を浴びせた。また神殿側の輩《やから》が唾《つば》を吐きかけたり罵詈雑言《ばりぞうごん》を浴びせるのに便乗し、日ごろの個人的憂さ晴らしのため、あるいはただもう弱い者を苛《いじ》めるのが面白いからとの理由で、同じ真似をしたり石をぶつける者もいた。

また彼らの中には、イエスがロバに乗ってやって来た日に棕櫚《しゅろ》の枝を振り、「ホサナ」と歓迎した者すらいた。常に大勢《たいせい》の流れゆく方向へ、何ら考えもなく身を翻す（どの時代にもどの文化圏にもいる）付和雷同の人々は、崇《あが》め奉《たてまつ》ったのと寸分違わぬ熱狂ぶりで同じ相手を貶《おとし》める。かつての人気絶頂期にも、心の闇の部分では妬《ねた》み憎んでいたとしか思えぬほどの、それは激しさ、執拗《しつよう》さであった。

だからこそ憐《あわ》れまねばならず、にもかかわらず愛さねばならぬのだ。人間の愚かさや無自覚、卑劣さや弱さを、イエスは知っていた。苦しみの只中でさえ、イエスは神にこう仲介するのであった、「父よ、彼らを赦《ゆる》し給《たま》へ、その為《な》す所を知らざればなり」。彼らは自分が何をしているか知らないのだから、どうぞ赦してあげてください、と。

道行きのイエスを取り巻く群衆は、まさに人間の行動の、あらゆるヴァリエーションを示しているといってよかった。罵るにせよ蔑《さげす》むにせよ、何らかの興味をもつ者、他方で全く無関心に冷淡に、一瞥《いちべつ》しただけで通り過ぎて忘れ去る者。イエスの噂を聞き、今の政治を何とか改革してくれないかと期待し、それが裏切られたとして身勝手な怒りをぶつける者。わずかだが、同情する者ももちろんいた。イエスの説教を直接聴いた者、イエスの態度に感銘を受けた者、彼らは倒れたイエスの汗を拭《ぬぐ》おうとし、水や鎮痛効果のある没薬《もつやく》入りワインを飲ませようと近づいては、兵に蹴《け》散《ち》らされた。

しかし肝心の、ガリラヤから同行してきた信者らはといえば、関わりを恐れてほとんどが身を隠していた。すでに自死したユダをのぞく十一人の使徒たちも、エルサレム市内に各々息をひそめた。ただ一番若いヨハネ（後に福音書を記す）だけは、道行きの途中から数人の女性信者と合流し、群衆に混じって跡をつけ、イエスを見守り続けた。

母マリアは、イエス逮捕を早い段階で知らされた。ゲッセマネの園から遁走《とんそう》した使徒のひとりが、彼女の宿泊先へ駆け込んだからだ。ついに運命の日を迎えてしまったと、マリアは感じたであろう。三十数年前、乙女だった彼女のもとへ天使ガブリエルが出現して以来、覚悟していたこの日である。覚悟したとはいいながら、だが現実に起こってみると、もはや若くはないマリアの心身に、それは爆風のように襲いかかった。よろめく彼女を支えたのは、これまでも陰に陽に世話をしてきたマグダラのマリアだ。マグダラのマリアは、ヤコブとヨセフ兄弟の母マリアとともに、聖母に付き添い、鞭打ちの場にも、ピラトの「エッケ・ホモ」の場にも、そしてこの道行きにもついて来た。三人のマリアはもう絞っても出ないほど、涙を流し尽くしていたのだった。

自分らがここにいることを、何とかイエスに気づいてほしい。T字路の手前で、三人の女性はヨハネに先導され、折れ曲がった近道を走って先廻りし、やっと群衆の最前列の位置を占めることができた。槍《やり》を持つローマ兵が砂塵の向こうに現われる。占領国の兵として、彼らはユダヤ人を軽蔑しきっており、ましてユダヤ人の罪人となれば犬畜生にも劣るとみなして、扱いにも情け容赦なかった。倒れれば殴る蹴るは当たり前だ。群衆にも目を光らせるのを忘れない。人々は兵が近づくと、引き波のように後退した。

続いて、巨大な十字架を肩に担ぎ、喘《あえ》ぎつつ這《は》いずるようにイエスが近づいてくる。茨の冠は人間の罪の重みとでもいうように、イエスの頭にのしかかり、白い簡衣は埃《ほこり》にまみれ、ところどころ血が滲《にじ》みでて、見るだに痛々しい。しかしその全身から発する神々しい光を、母マリアははっきり感じた。ベツレヘムの廏《うまや》で出産した時、両手を合わさずにおれなかったのと同じ天上的な光。思わずまた手を合わせかけた瞬間、イエスが、つと顔をあげた。

神に選ばれた母と息子は、今生《こんじょう》で最後の視線を交わす。罪深い人間を救うため遣《つか》わされた神の子イエスは、他ならぬその人間たちから罵られ嘲《あざけ》られ鞭打たれ裏切られ、肉体を破壊されようとしていた。神の子ながら我が子でもある息子に乳を与え、家庭を与え、惜しみなく愛を注ぎ続けた母は、今この時もなお心の痛みも体の痛みも分かち合っていることを、涙に潤《うる》む眼で伝えた。イエスはわかっていた。もちろんわかってくれていた。

蠢《うごめ》く悪意の群れと喧騒の中、眼差しによる母子の会話はたちまち断たれ、マリアは後ろの誰かに押しのけられて再び人波に埋没させられる。もはやイエスの後ろ姿も見えず、ガツンガツンと十字架の後端が石畳にぶつかる音だけが、いつまでも耳を叩いた。

ゴルゴタの丘にももう野次馬は集まっていた。この先、何世紀も何世紀もずっとずっと後世まで、いや、現代に至るまで、人の死をエンターテインメントとして楽しむ粗野な神経の主は健在である。違いは、それがあからさまに許される社会かどうかというだけだ。

イエスはまず着衣を剝《は》ぎとられた。死罪人の所有物は、ローマ兵の役得だった（売却してポケットマネーにできる）から、彼らはさっそく車座になり、誰が衣を自分のものにするかを決めようと骰子《さいころ》を振りはじめた。

下穿《したば》きだけになったイエスは、いよいよ十字架につけられる。イエスが運んだ交叉十字の刑架は地面に置かれており、すでに支柱の上端には、罪状を示す銘板が掲げられていた。「ユダヤの王、ナザレのイエス」（「I・N・R・I（インリ）」＝Iesus Nazarenus Rex Iudaeorum）というもので、これはピラトが記し、大祭司カヤパが抗議した銘である。カヤパは、ユダヤ王と「詐称」した、と書かせたかったのだが、ピラトは受け付けなかった。

イエスは横木に両腕を拡げられ、固定するため掌に太い釘が打ち込まれた。両足は垂直の支柱に、やはり釘で打ち留められた。息がとまるほどの激痛に、呻《うめ》き声を上げずにはおれない。こうしてイエスを架けた十字架は、ふたりの強盗の十字架を左右に従える形で、九時ころ、ローマ兵によって綱で引き上げられ、ゴルゴタの丘に屹立《きつりつ》した。

磔刑というのは、実のところ、絞首台やギロチンなどと違い、速《すみ》やかな死をもたらすためのものではない。むしろ死を引き延ばし、できる限り肉体的苦痛を長引かせようとの拷問台《ごうもんだい》だった。全体重が両腕にかかるため肩は脱臼《だっきゅう》し、身動きできない状態なので血は循環せず、やがて呼吸困難に陥って胸痛、痙攣《けいれん》、失神をくり返し、悶《もだ》え死ぬ。姿勢によっては丸一日、ないしそれ以上生きていた例もあり、その場合は炎天での野ざらしゆえ衰弱死ないし渇死だったという。死臭を察したカラスが群がり、兵が追い散らさなければ、まだ生きているうちに目などを突かれる。あまりの惨《むご》たらしさに、同情した人々が麻薬入りワインを与えるのも許された。ローマ本国でさえ、奴隷や政治犯、あるいは迅速な死に値しない極悪人向けの、特殊な処刑方法になっていた。

それほどにも陰惨な刑架の上で苦しむイエスに、見物人は、「もし神の子ならば己を救へ、十字架より下りよ」と囃《はや》したてた。隣に架けられている強盗までもが、「なんぢ

アンドレア・マンテーニャ
（1431〜1506年）
『キリストの磔刑』
（1456〜59年、パリ、ルーヴル美術館）

アンゲラン・カルトン
（1415頃〜66年）
『アヴィニョンのピエタ』
（1455年頃、パリ、ルーヴル美術館）

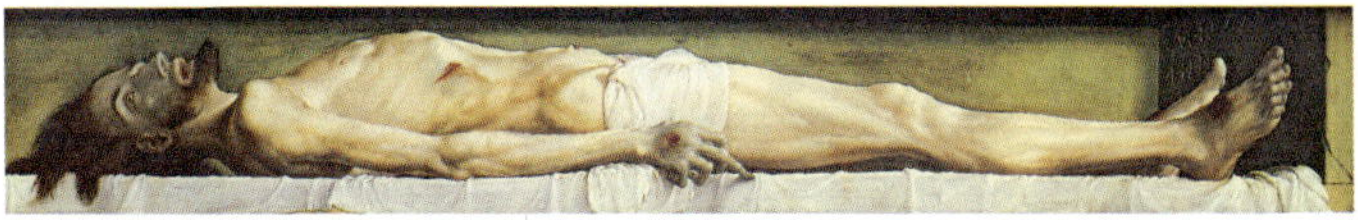

ハンス・ホルバイン
（1497/98頃〜1543年）
『墓の中のキリスト』
（1521年頃、スイス、バーゼル美術館）

はキリストならずや、己と我らとを救へ」と罵るしまつ。見かねてもうひとりの罪人が、お前と俺はこうされて当然だが、この人は違う、と言い返し、さらにイエスに呼びかけた、「イエスよ、御国《みくに》に入《い》り給ふとき、我を憶《おぼ》えたまへ」。イエスは答えた、あなたは今日わたしとともに天国にいるだろう。

祭司長や律法学者たちは、徹底してイエスを貶《おとし》めるつもりで、わざわざここまでついて来ていた。カヤパは、「人を救ひて己を救ふこと能《あた》はず」と嘲《ちょう》弄《ろう》したあげく、群衆に向かい、「神かれを愛《いつく》しまば今すくひ給ふべし」。ほんとうに神の子なら、今すぐ救われるはずではないか、このように救われないことが偽物の証《あかし》だと演説して、大いに喝采された。さぞかし得意満面であったろう。

だがそれも短い間だけだった。正午ころ、「地の上あまねく暗くなりて」、にわかに気温が下がり始める。皆既日蝕だったのだが、天体の運行に対する知識のない当時の人々には、太陽が黒く覆われるこの事態は、無気味な、ありうべからざる凶兆に思われた。これはもしや、このイエスなる男と関係あるのだろうか、さんざんに愚弄した我々を、天が怒って罰するのではないか。ぶるっと体を震わせる。冷気のせいか、怖れのあまりか、判断がつかない。祭司長や野次馬は、夜のような闇にまぎれ、あたふたゴルゴタの丘を下りて散ってゆく。

残ったのは、職を放棄できないローマ兵らと、それまで死罪人に同情していたため十字架に近づけなかった少数の者だけだ。聖母マリアは、マグダラのマリアとヨハネに抱えられるようにして、十字架のそばまでやって来ると、その場にうずくまった。彼女たちを遠巻きにして、さらに数人の男女の弟子たちが、共に祈りを唱えた。ただもう、イエスを苦しみから解放してください、との祈りだった。

日蝕は三時間続いたと云われる。ちょうど三時、空に明るさがもどったころ、イエスが突然、絶叫した、「エリ、エリ、レマ、サバクタニ（＝わが神、わが神、なんぞ我を見棄て給ひし）」。

この先、世界中のクリスチャンや研究者たちを悩ませ続ける、解釈の難しい言葉だ。なぜイエスは最後に、この悲痛な言葉を吐き出さねばならなかったのか……。

兵のひとりが慌てて、海綿に酢入りワインを含ませ、長い葦《あし》の棒の先につけて、イエスに飲ませようとした。気付け薬代わりだ。イエスは拒み、もう一度同じ言葉を叫んだ、神よ、なぜわたしをお見棄てになったのですか！　そして息絶えた。

その刹那《せつな》、大地が激しく震動し、エルサレム神殿の垂れ幕が上から下まで真っ二つに裂け、岩が崩れ、墓所が開いて、死者たちが蘇った。これを目の当たりにした兵たちは、「実に《げ》彼は神の子なり」と、芯から慄《おのの》くのであった。

磔刑に処された罪人は、そのまま長く放置されるのが常で、墓もない。しかしここにアリマタヤのヨセフという男がいて、ユダヤの議員もしているほどの富裕者だったが、イエスの隠れ弟子でもあったので、直接ピラトのもとへ出向き、イエスの亡骸《なきがら》を引き取り、自分の新しい墓に埋葬したいと願い出て許された。ヨセフは用意してあった没薬《もつやく》と乳香《にゆうこう》と亜麻布を持ち、その足でゴルゴタの丘へもどった。十字架降下の前に、兵はイエスの死を確認するため、槍で右胸を突いた。少量の血と水が出た。

それからイエスは下ろされた。真新しい亜麻布が広げられ、横たえられたイエスを聖母が静かに抱きしめる。「ピエタ（＝嘆きの聖母像）」として知られることになる、我が子を失った母親の永遠の姿だ。

イエスは清められ、布にくるまれて、洞窟墓へ安置された。

もしイエスの生涯がここで終わっていたならば、キリスト教というものが誕生したかどうかはわからない。これからがほんとうの奇蹟のはじまりなのだ。

第13章 復活

マティアス・グリューネヴァルト
(1470/80頃〜1528年)

『キリストの復活』
(1512〜15年頃、油彩 板、269×143cm、
コルマール、ウンターリンデン美術館)

ベラスケス作とは正反対に、凄惨極まりない磔刑像はイーゼンハイムの祭壇画。しかしこの祭壇画の扉を開ければ、中からは復活したイエスの輝かしいこの姿があらわれる。両手をあげて聖痕《せいこん》を見せているところ。

キリスト教における最重要の祝日といえば、復活祭（＝イースター）。なぜならこの祭は、イエスが予言どおり復活したのを寿《ことほ》ぐ日、即ち、イエスが人間から神になった記念日だからだ。

イエスは十字架上で、他の罪人たちと同じく惨《みじ》めに死んだ。弟子らはどんなにか絶望したことだろう。彼らの中には、最後の最後まで、もしかすると天から神が降臨してイエスを救うのではないかと、はかない望みを抱き続けた者もいた。だが刑架の上では何も起こらなかった。無力のまま、苦しみながら、イエスは死んだ。なぜわたしを見棄てたのかと天に絶叫して、イエスは死んだ。

ところがそうやって絶命したはずのイエスが、肉体を備えて蘇《よみがえ》る。死に打ち勝つ。忌《い》むべき死を超越する。神の子、キリストたることを、自ら立証したのである。

――イエスがアリマタヤのヨセフの洞窟墓に埋葬されたと知った祭司長らは、ピラトに申し出て曰く、弟子らが遺骸を盗みだして復活の噂を流すかもしれない、そうなっては困るから、三日三晩、墓に見張りを立ててほしい。ピラトは承知し、数人のローマ兵を派遣する。彼らは巨石でふさいだ墓の入り口で、番をすることになった。

予言された日の夜、イエスは真っ暗な洞窟の棺《ひつぎ》の中で目を開けた。全身に巻かれた亜麻布を解き、静かに蓋《ふた》を開けて立ち上がる。釘で穿《うが》たれた両手両足の穴と、死の直後に槍《やり》で突かれた右胸の傷跡はそのままだが、鞭《むち》で打たれたり石をぶつけられたり茨《いばら》の冠をかぶせられてできた無数の傷跡はもうどこにもなく、健康でつややかな肌がもどってい た。いつしか巨石は天使によって取り除かれており、見張りの兵らは眠りこけて、イエスの燦然《さんぜん》たる輝きにも気づかない。イエスは墓を離れた。

翌朝早く、まだ暗い中を、マグダラのマリアがイエスの遺体に没薬《もつやく》を塗るためやってきた。すると番兵の姿がなく、巨石もよけてある。内部を覗いてみると、何か強烈な実体がたった今そこから出て行ったとでもいうような、濃い気配が漂っている。驚いてペテロのもとへ走った。磔刑《たつけい》後、ペテロら使徒たちは再び集まり、エルサレムの数カ所に分散して、他の弟子らとともに身をひそめていたのだった。

イエスの墓があばかれ、遺体が失くなっている、とのマリアの言葉に、ペテロは初めて墓へ向かった。マリアの言うとおり、洞窟は口を開けている。恐る恐る中へ入ってみると、棺はからっぽで、亜麻布が地に落ちていた。ほんとうだ、いったい誰が遺体を動かしたのだろう……呆然とするばかり。

処刑の三日後に蘇ると、あれほどイエスがくり返し予言したにもかかわらず、ペテロはその言葉を信じきれていなかったのだ。もとの肉体のまま復活したから遺体がないのだとの考えは、露ほども思い浮かばない。師を敬愛していたればこそ、また自らの裏切りを痛烈に悔やんでいたればこそ、いつまでもエルサレムを離れがたく、仲間とともにまたいっしょになったというのに、それでもなお、イエスの復活に思い至ることはない。イエスは十字架上で死んで、遺体はやがて土にかえるとしか思っていなかった。

そこでしばらく墓の周りを探しまわったあげく、ここにこうしていても仕方がないからと、ペテロは他の場所を探しに行った。

マグダラのマリアはその場に残り、すすり泣いた。泣きながらふと洞窟内に目をやると、イエスが安置されていたはずの場所に、この世のものとは思えぬ真っ白な衣をまとった、見知らぬ人がふたり座っているではないか。いつの間に入ったのかと不思議に思っていると、そのひとりが天上的な声を響かせ、「をんなよ、何ぞ泣くか」と問いかけるので、誰かが主をどこかへ連れ去ったのです、と答えた。同時にまた彼女は別の気配を感じ、さっと振りかえる。後ろに男が立っていて、「をんなよ、何ぞ泣く」と聞く。これは墓地の管理人に違いないと思ったマリアは、もし主を連れ去った者をご存じなら教えてください、わたしが引き取りたいのです、と言った。たちまち男の声は懐かしい声に変わり、マリアよ、と呼びかける。ようやくにしてマリアは気づく。それはイエスだったのだ。

「ラボニ（＝先生）」とマリアは叫び、歓喜に押されるように走り寄って、イエスに抱き

アントニオ・アレグリ・コレッジョ
(1489頃〜1534年)

『我に触れるな』
(1525年頃、マドリッド、プラド美術館)

つこうとした。イエスは制止し、「われに触《ふれ》るな、我いまだ父の許《もと》に昇らぬ故《ゆえ》なり」。未だ天の父のもとへは帰っていないので、触れてはならぬ、と禁じた。その代わり、自分がこうして復活したことを他の弟子たちに話すよう命じた。マリアはなごり惜しさに何度も何度もイエスをふり返りながら丘を降り、再びペテロらのところへ走った。

聞かされた皆は驚いたが、どの程度信じたかはわからない。この時代、女性の証言は裁判でも無効とされていたから、マグダラのマリアのせっかくの体験も、男弟子の耳には素直に入っていかなかった。いずれにせよ、この時点ではマリア以外の誰もイエスの復活を確信できず、半信半疑だった。

同日、夕刻。弟子のクレオパともうひとりが、エルサレムから十キロほど離れたエマオという村へ向かっていた。歩きながらふたりは、この三日間のできごとをあれこれ語りあった。すると途中からついてくる男がいる。話しかけると、イエスのことを何も知らないようなので、磔刑の顚末《てんまつ》や墓から遺骸が消えた最新ニュースなどを教えてやった。すると男は、聖書の中のあれこれを引用し、どうして自分たちの主が予言した復活を信じないのか、と言った。それを聞いたクレオパたちの心に、奇妙な燃えるような感覚が走った。

エマオ村でクレオパはその旅人を誘い、同じ宿をとった。いっしょに夕食の席につくと、旅人は黙ってパンを割《さ》き、ふたりに手渡した。この時だ。ついにクレオパたちにも、見るべきものが見えた。この旅人こそが復活したイエスだと、電撃的に気づいたのだ。気づいた途端、イエスの姿はふっとかき消えてしまう。

ふたりは取るものも取りあえず、宿を飛び出て、来た道を再び辿《たど》ってエルサレムにもどった。興奮さめやらず、この奇跡的な出来事を話してきかせると、今度ばかりは他の皆も、何か只ならぬことが起こっていると感じずにいられなかった。しかしそれでもまだやはり、完全に信じきるには至らなかった。

数日後、ペテロをはじめとする使徒たちが食事をしているところへ、ついにイエスはあらわれた。驚愕《きょうがく》のあまり口もきけず身動きもままならぬ皆にイエスは、なぜマグダラのマリアやクレオパたちの言葉を信じなかったのかと、その信仰心の無さと頑《かたく》なな心を叱った。そして、「全世界を巡りて凡《すべ》ての造られしものに福音を宣伝《のべつた》へよ。信じてバプテスマを受くる者は救はるべし、然《さ》れど信ぜぬ者は罪に定めらるべし」。今後は世界中を伝道して神の教えを広めるように、それを信じて洗礼を受ける者は救われる、信じない者は裁かれる、と。

この場に、使徒トマスだけは同席していなかった。そのため彼は、ペテロたちがいくら復活の事実を語り聞かせても、自分の目で見るまでは信じないと主張して憚《はばか》らなかった。「我はその手に釘の痕《あと》を見、わが指を釘の痕にさし入れ、わが手をその脅《わき》に差し入るるに

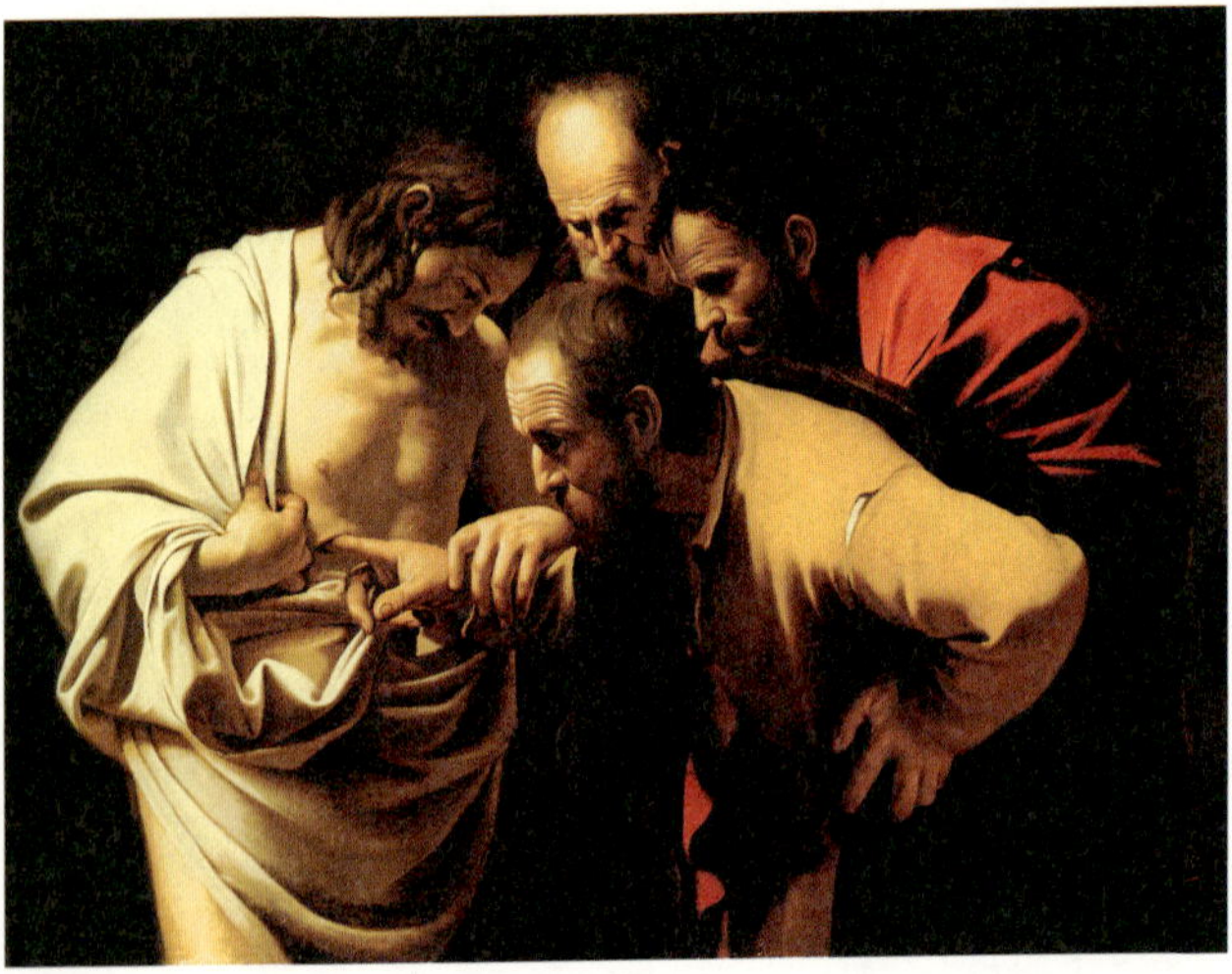

ミケランジェロ・メリージ・ダ・カラヴァッジョ
（1571〜1610年）
『聖トマスの懐疑』
（1602〜03年、ポツダム、サンスーシ宮殿）

アンドレア・マンテーニャ
(1431〜1506年)
『キリストの昇天』
(1466年頃、フィレンツェ、ウフィツィ美術館)

あらずば信ぜじ」。後世、「不信のトマス」と異名をとる所以《ゆえん》である。

一週間後、トマスを含めた使徒全員が集まっているところへ、再びイエスは出現した。戸に鍵をかけていたのに、気づいたときにはイエスは彼らの真ん中にすうっと立っていたのだ。イエスはトマスに語りかけた、「なんぢの指をここに伸べて、わが手を見よ、汝の手をのべて、我が脅にさしいれよ、信ぜぬ者とならで信ずる者となれ」。

トマスは喉《のど》をつまらせ、涙を流しながら声をふりしぼった、「わが主よ、わが神よ!」。

ここにおいて使徒らは、真の信仰に――ようやくにして――目覚めた。三年近くイエスと寝食をともにし、直接の教えを受け、数々の奇蹟を見てさえ、福音をほんとうには信じられなかった彼ら。あれほど命を惜しんだ彼ら。イエスを見捨てて逃げ、イエスを否定し、十字架の道行きを目撃しようともしなかった彼ら。臆病で卑怯《ひきょう》で、実に実に人間的な弱さの全てを備えた彼ら。その彼らが、イエスの人間としての死を経《へ》て、人間の肉体を持った復活を目の当たりにし、ついに神の奇蹟を信じた。自分たちの師が、まこと「神の子」であったと、心から納得した。

これを境に、使徒らは果敢《かかん》な勇気と行動力で、世界中へ宣教の旅に出る。イエスの予言どおり、それは狼の群れに入る羊そのものだった。信仰を伝える途次で各々凄惨な拷《ごう》問《もん》を受け、斬首、刺殺、撲殺、逆さ磔《はりつけ》、釜茹《ゆ》で、生皮剝《は》ぎと、ヨハネをのぞく全員が壮絶な殉教を遂げる。彼らは死を怖れなくなったのだ、復活を信じて。

イエスは復活後四十日間この世にとどまった。

四十日目、イエスは女性たちも含めた多くの弟子たちとともにオリーブ山へ登り、彼らひとりひとりを祝福したあと昇天した。皆の見守る中、美しい天使に囲まれ、白い雲とともに高く高くのぼってゆき、ついに「神の右に座し給ふ」。

ミケランジェロ・ブオナローティ
(1475～1564年)
『最後の審判』(一部)
(1536～41年、ヴァチカン、システィーナ礼拝堂)

世界の終末にイエス・キリストが再臨し、人類に最後の審判を下すという。ミケランジェロ描く筋肉隆々のイエスは、怒りのエネルギーも凄まじく、善人を甦らせ、悪人を地獄へ追い落とす。400人を超える大群像劇のスケール感は迫力満点。

あとがき

まずお断りしておかねばなりませんが、本書は宗教の本ではありません。そしてわたしはクリスチャンではありません。ではいったいなぜイエスの生涯を物語るのか、と問われれば、それは絵画鑑賞のためです。

絵は、意味がわかればもっと面白くなる——その考えのもとに、これまで美術エッセーの本を何冊も出してきました。各国の歴史、政治、文化、風習、神話、民衆の深層心理、注文主の願望、画家の思惑など、絵にはぎっしり情報が詰まっており、その一端なりと知るだけでも、画面は生き生きと輝きを増すと思うからです。当然キリスト教を外すわけにはゆきません。西洋絵画の誕生にキリスト教、とりわけ新約聖書の関わりは深く、これまでもっとも数多く描かれてきた図像はイエス磔刑図、と言われているほどです。

十九世紀までの画家の大部分は敬虔《けいけん》なクリスチャンで、その生育歴からして骨の髄《ずい》までキリスト教が浸み込んでいたでしょう。一方で、しかし表現者たる彼らが絵の題材として魅力を感じなければ、これほどにも夥《おびただ》しい数のイエスやマリアが生み出されたはずがない。それほどにもイエスの一生は人間ドラマとして面白い、いえ、人間ばかりでなく、天使や悪魔まで絡《から》んでくるのだからなおさらエキサイティングなのです。それが証拠に現代でも——絵の素材としては減ってきたものの——映画は間断なく制作され続けています。

本書を書くに際し、ずいぶんたくさんのキリスト映画を見ました。ロック・ミュージカル『ジーザス・クライスト・スーパースター』(ノーマン・ジュイソン監督)は、昔から舞台も含めて大好きでしたが、今回初めて見た『奇跡の丘』(パオロ・パゾリーニ監督)が衝撃的でした。パゾリーニは無神論者であることを公言し、マタイ伝の台詞以外は使わずに、全篇、まるで土俗的神話世界のごとき荒涼たる雰囲気を醸《かも》しだすのに成功しています。太い一本眉毛のイエスに愛や優しさはほとんど感じられず、猛烈なカリスマ性でもって弟子や聴衆に説教しまくります。機関銃のようなその説教においては、いっさい相手との対話などありえません。彼は人間の中にいて孤独そのものだし、神の子かどうかは別にして、何を考え感じているか余人には全く理解不能だということが伝わってきます。

この描写に、つくづく驚いてしまいました。なるほど、マタイ伝の簡潔きわまりない文体をそのまま映像化すれば、こうなっても不思議はない。中世末期までは案外そうしたイエス像が受け入れられていたのかもしれません。幼子イエスに愛らしさがないのは、通常の赤ん坊と違うことを示すため、殊更《ことさら》に大人びた表情で描かれたからだという研究者もいます。けれど次第にイエスが人間的になってきたのは、現在わたしたちが名作・傑作として見る絵画作品において顕著です。多くの画家や注文主がそれを望んだからでしょう。皆が画面の中に見たがったのは、全てに超越的なイエスではなく、我々と同じように苦痛を苦痛として感じ、心身ともに悶え喘《あえ》ぐ、イエスの姿だったのです。神の子ながら人間でもあるという矛盾した自己のありように悩み苦しむ、共感できるキリスト像だったのです。

「名画と読む」と冠したこの本も、ですからできる限り人間としてのイエスを前面に押し出すことにしました。聖書解釈が目的ではなく、美術館で宗教画を見るときの参考として、イエスがどんな時代に生き、どう死んでいったかを一つの流れとして頭に入れておけば、先に書いたように、たとえ異教徒であっても宗教画に新たな魅力を感じられるのではないかと願った次第です。

わたしにはプロテスタントの友人と、カトリック修道女の友人がいます。ご存知のとおり、かつてこの二派は血みどろの宗教戦争をくり返し、長い間、どちらかが改宗しない限り結婚もできないほどでした（いまだにそういう傾向があるようです）。従って両者の聖書解釈もかなり違います。今回は彼女たちにいろいろ教えてもらうことが多かったのですが、イエスは童貞だったかと質問すると、後者が「もちろん清いままでした」と、きっぱり断言するのに対し、前者は「はっきり聖書には書かれていないけれど、これほど人間通なのだからそういうことはあったと解釈される」とのことです。

新約聖書の根幹は、四人の福音書記述者によるイエス伝ですが、書かれた時期も違うし内容もところどころ一致しないのにもかかわらず全て正統とされている、きわめて矛盾に満ちた書物です。たとえばイエスの生地ですが、ベツレヘムと断定しているのはマタイ伝とルカ伝だけで、後の二つは取りようによってはナザレとも考えられる書き方になっています。誕生を祝って厩《うまや》へやって来たのも、ルカ伝では貧しい羊飼いたち、マタイ伝では華やかな東方の三博士です。

天使ガブリエルが処女マリアを訪れる「受胎告知」でさえ、驚いたことに、四つの福音書のうちルカ伝にしか記されていません。マタイ伝にはマリアのシーンはなく、天使はヨセフの夢の中にあらわれるだけです。マルコ伝とヨハネ伝などは、そもそもヨルダン川の洗礼シーンから始まるため、天使ガブリエルの出番すらありません。

こうしたことを、画家や注文主はどんなふうに整理したのでしょう？　簡単です。自らの芸術的イマジネーションを刺戟する主題を選んだのです。だから「受胎告知」にあれほど傑作がそろっているのだし、羊飼いより三博士の登場回数のほうが多いのです。この本もそれに倣《なら》いました。ついでに言えば、注文主がカトリック教会だった時代が長く続いたため、ほとんどの名画はカトリック的教養のもとに描かれています。必然的に本書も、プロテスタントの方々から見れば納得しにくいと思う箇所を含むかもしれません。でも、くり返しになりますが、これはあくまで絵画を鑑賞するためのイエス・キリスト物語なのです。

聖書引用は、日本聖書協会の文語訳を使いました。口語訳より格調高く、声に出して読むとその良さがさらによくわかります。

古代史および宗教学上のチェックは上智大学の豊田浩志先生にたいへんお世話になりました。装丁は『怖い絵』シリーズ以来ご一緒することの多い奥定泰之さんが、今回もステキな本に仕上げてくださいました。

本書は二〇一二年に大和書房から単行本として刊行されたものです。出てすぐ文藝春秋元社長平尾隆弘氏から、文庫化の際には文春文庫で、というありがたいお申し出をいただきました。お約束どおり今回実現することができて、とても嬉しいです。この場を借りてお礼の言葉とさせていただきたいと思います。

中野京子

用語解説

アルジェのカスバ

アルジェリアの首都アルジェの旧市街を構成する一画（カスバとはアラビア語で「要塞」の意）。狭い階段道が、貧しい家々の隙間を網の目のように走り、犯罪者が隠れるのに絶好の場所とされた。

安息日《あんそくび》

モーセ十戒に定められた一週七日の最後の日。金曜日の日没から土曜日の日没までの一日を指す。その日は、全ての仕事を停止しなければならない。

イエスという名

ヘブライ語の「イェーシュア」。旧約聖書『ヨシュア記』のヨシュアにあたり、「神は救い」を意味する。ユダヤ人の男子にはありふれた名前。

イザヤ書

紀元前八世紀に生きたとされる、ユダ王国の預言者イザヤが書いた預言書。ヤハウェ神への信仰のみが救いだと説いた。鋸引きの刑により殉教したと言われる。

神の国

「国」とは、神の愛による支配、神の愛が全世界を治めることをさす。古くから強国の支配を受け、圧政に苦しむ歴史をくり返してきたイスラエルの民は、いつか神の支配が到来し、苦しみから解放されることを信じていた。

キリストという称号

ヘブライ語の「メシア」に相当するギリシャ語で、「油を注がれた者」の意。かつて王や祭司、預言者など、権威ある地位につくものの頭に油を注ぎ清める儀式が行なわれたことからきている。その後のユダヤ教では民を救い導く救世主をあらわすようになり、キリスト教においてはイエスそのものを指す。

原罪

人類の祖アダムとイヴが犯した最初の罪。神に隠れて禁断の知恵の実を食べ、楽園追放となった。以後、人間は生まれながらに罪を背負っていると考えられた。

降臨

神的な存在が天から地上に降り来たること。

最後の審判

「世界の終わり」に、イエスが地上に再臨して行なう裁きのこと。日々の善行が認められれば永遠の命を与えられ神の国に行けるが、悪行を重ねた者は、地獄に堕ちて永遠の罰を受ける。

サドカイ派

ソロモン王時代の大祭司ザドクに由来する呼称。ザドクの正統な血をひく一族の子孫は、エルサレム神殿の上級祭司職を独占し、ユダヤ最高評議会の多数派を構成していた。経済的にも安定した地位を保障され、ユダヤ社会の上層階級を占めていた。

三位《さんみ》一体《いったい》

キリスト教の中心的教義。創造主である父なる神、救世主としての子なる神、聖霊としての神は本来一体であるとの考え。キリスト教美術においては、聖霊は輝く白鳩として表現されることが多い。

使徒

ギリシャ語で「アポストロス」と呼ばれ、「遣《つか》わされたもの」を意味する。福音書では、イエスが、イスラエル十二部族にちなんで多くの弟子の中から十二人を選び、十二使徒と名づけ、二つの権威を与えたとされる。ひとつは「神の国の教え」を伝道する権威。もうひとつは「悪霊を追放し病人を癒す」権威。

シナゴーグ

ギリシャ語の「シュナゴゲー」（集会所）に由来するユダヤ教の会堂。

召命《しょうめい》

イエスに召し出されて弟子として従うこと。

過越《すぎこし》

エジプトで奴隷状態だったユダヤ人を救うため、モーセが民の家の戸口に仔羊の血で印を付け、神の怒りの禍《わざわい》が過ぎ越すようにした儀式。「過越祭」はこれを記念した祝祭。贖罪《しょくざい》のために仔羊を神に捧げ、酵母抜きパンを食べて祖先の艱難辛苦《かんなんしんく》をしのぶ。

洗礼

バプテスマとも呼ばれ、水に身体を浸したり頭に水をかけることを通して、罪や穢《けが》れを清め、信者の仲間入りをする儀式。洗礼する者のことをバプテストと呼ぶ（洗礼者ヨハネ＝バプテストのヨハネ）。

磔刑《たっけい》

古代ローマ時代、奴隷や反逆者、異国人の重罪人などに公開で行なわれた残虐刑。十字架に釘で手足を打ち付けて衰弱死させた。十字架の形は、T字型や交叉型などさまざまある。

ダヴィデ

イスラエル王国の二代目の王。ペリシテ人《びと》との戦いで、巨人ゴリアテを倒し、英雄として名を馳《は》せる。南北イスラエルを統一し、エルサレムを首都とした。

天使

ギリシャ語で「使者」という意味の「アンゲロス」に由来。神によって創造された霊的存在で、神意を地上に伝える。美術上では一般に有翼で光環があり、中性的な若者の姿をとることが多い。

ナルドの香油

サンスクリット語の「ナラダ」(かぐわしい匂い)に由来し、ヒマラヤ山脈に自生するオミナエシ科の植物を指す。その根茎から採られる香油はきわめて高価で、アラバスタの瓶に詰めて輸出された。

パクス・ロマーナ

「ローマの平和」の意。紀元前一世紀末のアウグストゥス帝から五賢帝時代末期までの約二百年間続いた、地中海世界の平和を指す。「パクス」とは、ローマ神話に登場する平和と秩序の女神。

パリサイ派

ファアリサイ派ともいう。ローマ帝国の支配体制を容認する特権階級サドカイ派に反発した者たちが、厳格な律法主義を旗印につくったエリート集団。「ラビ」と呼ばれる律法の教師として、聖書の朗誦《ろうしょう》や説教といった社会的に重要な役割を担った。イエスとは敵対した。

パンとワイン

最後の晩餐《ばんさん》でイエスは、パンとワインを用いて、自分に待ち受けている運命を弟子たちに示した。パンを自らの手で裂くことで、自分の身体が引き裂かれるという死を示し、またワインは「血によってもたらされる新しい契約」を意味する。静物画に登場するパンとワイン、またワインの杯は、この最後の晩餐を象徴するものであることが多い。

ピエタ

「哀悼《あいとう》」の意。美術上では通例、イエスの遺体を抱いて嘆き悲しむ聖母マリアの姿であらわされる。ミケランジェロの彫刻『ピエタ』がもっとも有名。

福音書

イエスの言葉と生涯を伝記物語風に綴《つづ》った、四つの文書《もんじょ》。「福音」の語源は、ギリシャ語の「エヴァンゲリオン」で、「良き知らせ」を意味する。「新約聖書」はこの福音書（マタイ、マルコ、ルカ、ヨハネによる四書）と、他に弟子らの伝道記録、パウロの手紙、黙示録など二十七の書から成り立つ。

メシア

「油を注がれた者」を意味し、「救世主」を指す。オリーブ油のなかに神の霊力が含まれているとみた、古代ユダヤ人の信仰が背景にある。「キリストという称号」の項、参照。

ヤハウェ

旧約聖書における唯一絶対神の呼び名。

ユダの荒野《あらの》

エルサレムやベツレヘムに位置するユダの山々の尾根から東に広がる地域。夏は五十度を超す灼熱《しゃくねつ》の砂漠で、冬は寒風にさらされる岩場。聖書の預言者は神と一対一で語るため、また、自分と向き合うために荒野での修行を積んだ。

預言

未来を語る「予言」ではなく、神の言葉を預かるという意味の「預言」。預言者とは、神の言葉を世に広める人のこと。自らの意志で預言者になれるものではなく、神の召命を受けて神の意思を人々に告げ知らせるとみなされた。

律法

預言者たちを通して伝えられた神の意思を指示する文書。ユダヤ教の律法とは、「創世記」「出《しゅつ》エジプト記」「レビ記」「民数記《みんすう》」「申命記」から成る「モーセ五書」のことで、ユダヤの民が果たすべき義務と守るべき戒めの典範。

〈主要文献〉

『イエスの生涯』（遠藤周作、新潮社）
『イエス時代の日常生活』（ダニエル・ロプス、山本書店）
『イメージ・シンボル事典』（アト・ド・フリース、大修館書店）
『カトリック教会のカテキズム要約』（日本カトリック司教協議会常任司教委員会、カトリック中央協議会）
『絵画で読む聖書』（中丸明、新潮社）
『キリスト教史』（ジャン・ダニエル、平凡社）
『新約聖書　詩篇附（文語訳）』（日本聖書協会）
『新約聖書入門』（三浦綾子、光文社）
『図説　聖書物語』（山形孝夫、河出書房新社）

『図説　世界シンボル事典』（ハンス・ビーダーマン、八坂書房）
『聖書思想事典』（レオン・デュフール、三省堂）
『西洋美術解読事典』（ジェイムズ・ホール、河出書房新社）
『世界の名著　聖書』（前田護郎編集、中央公論社）
『世界美術大全集』（小学館）
『ふしぎなキリスト教』（橋爪大三郎、大澤真幸、講談社）
『名画でみる聖書の世界』（西岡文彦、講談社）
『ユダヤ古代誌』（フラウィウス・ヨセフス、筑摩書房）
『ヨーロッパ美術を読む旅　新約聖書編』（柳沢保雄、トラベルジャーナル）

画像提供

株式会社アマナイメージズ／株式会社PPS通信社／株式会社アフロ

P.19　©Alinari Archives, Florence/amanaimages

P.23、P.27、P.31、P.35、P.39、P.58、P.67、P.75、P.78、P.86、P.99、
P.111、P.115、P.127、P.147、P.159、P.175、P.202、P.203、P.207、
P.211、P.214、P.215　©Bridgeman Images/amanaimages

P.31、P.194、P.202　©RMN-Grand Palais/amanaimages

P.47、P.51　©Scala/amanaimages

P.63、P.107、P.179　©www.scalarchives.com/amanaimages

P.83　©Photo Scala, Florence/amanaimages

P.91、P.103、P.163、P.187　©PPS通信社

P.107　©Photoshot/amanaimages

P.131、P.155　©www.bridgemanimages.com/amanaimages

P.138　ALBUM/アフロ

P.143　©Alinari Archives, Florence/amanaimages

P.171、P.191　©www.bridgemanart.com/amanaimages

P.218　Iberfoto/アフロ

解説

末盛千枝子

こういう本を読んで、ああ楽しかったと思うのは、不謹慎で、おかしいかもしれません。でもなんだかそう言いたいような気がするのです。著者の中野京子さんから、彼女の素晴らしいお友達の話を詳しく聞かせていただいたような気がしたからです。考えてみれば、本当に不思議な本かもしれません。わたし自身、若い時にある人から、「キリストと個人的に親しくなりなさい」と言われたことがありました。そして、この本には中野さんと親しいキリストとその仲間たちのことが、実に自然に、流れるように話されているのです。キリストと個人的に親しくなるとはこういうことだったのか、と改めて思っています。

もしかしたら、この本の魅力の一つは、ここで使われている聖書が文語訳だということもあるかもしれません。そのために、少し、お話のような感じになるのでしょうか。とても好ましいと思います。そして、著者が、自分はクリスチャンではありません、とあとがきで断っておられますが、へえ、そうか、と思うだけで、何の違和感もないのです。というよりも、私はこんなに解りやすいキリスト伝があるだろうかと思ったのです。神学者や、哲学者には申し訳ないような気もしますが、読む人になんの矛盾もなく、実にすんなりと伝わると思うのです。そして、私にとっても、キリストが本当に親しい人なのだとあらためて思いました。

それに、このタイトル、「名画と読むイエス・キリストの物語」こそが、この本の魅力の最大の秘密ではないでしょうか。あまり考えたことがなかったのですが、わたし自身も、きっとそうだったのではないかと思います。つまり、私もいろんな絵を見ながら、キリストに親しんできたと思い当たりました。この中に、自分でも好きな絵がたくさん出てきますし、実際にこの目で見た絵もたくさん出てきます。なんと嬉しいことでしょうか。

昔、私も「ナザレの少年」というタイトルで、キリストの誕生から少年になるまでを絵本にしたことがあります。文章は、福音書のあちらこちらから必要なところをとってきて、少年になるまでのキリストの姿を追うことを第一に考えたのです。それこそがクリスマスだと思ったからです。そのあとがきに、私も、「読者がヨーロッパを旅して、いろんな絵を見るときの役に立てれば、」というようなことを書きました。不思議なことです。

そして、わたし自身は、たった一度ですが、聖地と言われるキリストの生活の地にも旅したことがあります。一九六六年、初めて外国に旅したときです。このチャンスを逃したら、二度とないと思い、ローマから日本に帰る時に日本航空の事務所に行って、ルートをイエルザレム経由にしてもらったのです。その時の窓口の男性の純情な言葉が忘れられません。「悪いことは言わないから、あんなところに行くのはお止めなさい。あんな汚いところをキリスト様が歩いたはずはないんだから」というのです。笑いそうになりました。ローマから直行の便はなく、一日ギリシャのアテネに入って一泊し、翌朝早い便でヨルダンのアンマンに飛び、そこからイエルザレムに入りました。その頃、日本人の旅行者で聖地に行く人はまだほとんどいませんでした。アンマンの空港からの道すがら、窓から見える景色に、たまらなく懐かしい思いがしました。なぜだろうかと考えたのですが、子どもの時から見てきた聖書物語などで見慣れていた、ロバに乗った人たちが行き交っていたからだと思います。初めての土地なのに、とても不思議な懐かしい思いがしました。あれは、パレスチナの六日戦争が起こる一ヶ月ぐらい前のことでした。

簡単なツアーに入り、あちこち見て歩き、最後にはキリストが十字架を担って歩いた道に沿って、大きな十字架とともに歩く「十字架の道行き」と言われる行列に加わりました。その行列がゴルゴタの丘に着いた時に、その先導をしていたフランシスコ会の神父様たちの中に日本人の方がおられ、いろいろと話して下さいました。フランシスコ会には、特別に聖地で聖書研究をする研究所があるようでした。その神父様に教えていただいたことで、忘れられないことがいくつかあります。それは、ローマ時代のまま残っている数少ない遺跡と言うカヤパの屋敷の入り口のすり減った階段です。そこに建っている教会は「鶏が鳴いた時の聖ペトロ」という名前でした。私は、あの聖ペトロの単純さが好きでしたので、その名前がとても気に入りました。鶏が鳴くのを聞いた時に、彼は、どれほど泣いたことかと思いました。

そして、もう一つ忘れられないのは、あまり知られていないようですが、キリストの時代、死刑になることが決まった人たちは、深く掘られた石室に、上からつり降ろされ、一晩そこで過ごしたということです。そのため、キリストも、そこで一晩を過ごされたに違いないと、その聖書学者の神父様が話して下さいました。もちろん、今は横から入れるようになっているのですが、その岩を掘っただけの深い穴のような部屋に、本当に素朴な小さな祭壇が置いてありました。神父様が、「せっかくですから、ここで主の祈りを唱えましょう」と言って下さり、ご一緒に祈りました。忘れられない時間でした。ここで、あの方、キリストが、一晩過ごされたのかと思うと、体中が震えるようでした。

あれからすぐに、六日戦争が起こり、それはどんどんひどくなって、今では地球上のあの地域は収拾がつかない状態です。どう考えたらいいのか、私でさえ、悩みはつきません。今もキリストが苦しみ続けておられるということだろうかと思ったりします。

この本で紹介されている好きな絵のことを書いていくときりがないほどですが、まず、ジョルジュ・ド・ラ・トゥールの「大工の聖ヨセフ」がとても好きです。とても新しい感じがしますが、この絵が一六四〇年頃に描かれたということは信じられないようです。なんだか近所の親しい親子、という感じがします。この一連の絵を集めた小さな本をもっていますが、とても素敵な絵本のようです。

ニューヨークのフリック・コレクションで見たドゥッチオの絵も忘れられません。小さな絵でしたが、とても素敵だと思いました。一三一一年頃に描かれたようですので、まだ中世の雰囲気があるようです。絵もさることながら、ニューヨークの街のまん中にある豪邸の中で見る名画は特別なものでした。

私は、学生の頃毎朝自転車に乗って、ミサに与かっていました。そこは古い立派な日本家屋でカナダのケベックから来られた神父様たちの東京の本部になっているお屋敷でした。そこのお座敷をそのまま使った聖堂の祭壇には、素晴らしい絵がかかっていました。印刷か模写だったのだと思いますが、素晴らしく美しいと思って毎日眺めていました。この絵がなぜか、「アヴィニオンのピエタ」という名前の絵だと知ったのは、しばらくたってからのことです。そして、この絵の実物がパリのルーブル美術館にあると知り、ブックフェアなどの行き帰りにパリに寄るようになったとき、広いルーブルの中を探しまわりました。でも、なかなかその絵には会えませんでした。どうやら、いつも展示しているわけではないようでした。探し始めて何回目かの時に、思い切って、黒人の中年の守衛さんに片言のフランス語で「私はアヴィニオンのピエタが見たくて、殆どそのために来ているのに、いつ来たら見れるのですか」と聞いたのです。しばらくやり取りしたあとで、彼は「ちょっと待っていて」と言ってどこかに行きました。そしてしばらくして、大きな鍵束をもって戻ってきて「五分間だけだよ」と言って、扉を開けてくれました。その部屋は石造りの小さなチャペルになっていて、その祭壇画として、あの絵が飾ってあり、そこはその絵のためだけの部屋でした。駄目で元々と思って言ってみただけだったのですから驚きました。彼は私をそこに残して出て行き、しばらくすると迎えにきてくれました。幸せな時間でした。

私が関わっていたIBBYという子どもの本の世界大会がスイスのバーゼルで開かれたことがありました。そこはフランスのコルマールという土地と隣り合わせで、その美術館に「イーゼンハイムの祭壇画」と言われる有名なグリューネヴァルトの凄惨きわまりない磔刑図がありました。阿鼻叫喚の図で、まるで気絶しそうになっている母マリアの嘆きの叫びが聞こえそうでした。そして、その裏の絵が、この本にある、復活の姿でした。でも私はどちらかと言うと磔刑図の方が好きでした。なぜだか、復活の瞬間の姿を目で見ることが難しかったような気がします。

そして、大会に一緒に参加していた夫と、バーゼルの美術館にも行きました。そこで見た、ホルバインの「墓の中のキリスト」の絵は、本当にすごいものでした。それは、ちょうど墓の中のような作りの、一人か二人しか入れないような狭い部屋で、もう死人の色に変わってきている等身大の死せるキリストが目の前に横たわっていました。狭い棚に置かれたようなキリストは、ローマのカタコンベと言われる初期キリスト教の地下墓地を思わせる作りでした。否も応もなく、見る人は死せるキリストに対峙させられるのでした。まるで死臭までしそうでした。ずっと経ってから、気がついたのですが、彫刻家である私の父がいくつかの教会のために「十字架の道行き」を作ったのですが、その最後の場面、「イエス、墓に葬られたもう」という一枚は、どこかあのバーゼルのホルバインの影響を受けているような気がしました。私たち家族がお世話になった神父様たちは、スイスのバーゼル地方のベトレヘム会という宣教会の方たちでしたので、父はその方たちから、あの絵のことを聞いていたのではなかったかと想像しています。

（編集者／3・11絵本プロジェクトいわて代表）

単行本　二〇一二年九月、大和書房刊
本文デザイン　征矢武

文春文庫

名画《めいが》と読《よ》むイエス・キリストの物語《ものがたり》

定価はカバーに表示してあります

2016年12月10日　第1刷

著　者　中野京子《なかのきょうこ》
発行者　飯窪成幸
発行所　株式会社 文藝春秋

東京都千代田区紀尾井町 3-23　〒102-8008
TEL 03・3265・1211
文藝春秋ホームページ　http://www.bunshun.co.jp

落丁、乱丁本は、お手数ですが小社製作部宛お送り下さい。送料小社負担でお取替致します。

印刷製本・凸版印刷
Printed in Japan
ISBN978-4-16-790756-3

（　）内は解説者。品切の節はご容赦下さい。

立川談志
談志楽屋噺
楽屋は芸人の学校である。純粋な男、狂気の男、真面目な男、破廉恥な男、落語家生活三十余年の間に楽屋で出会った有名無名の芸人の、心に残る思い出とエピソード。（対談・色川武大）
た-24-1

高峰秀子
私の梅原龍三郎
大芸術家にして大きな赤ん坊。四十年近くも親しく付き合った洋画の巨匠梅原龍三郎の思い出をエピソード豊かに綴ったエッセイ集。梅原描く高峰像等カラー図版・写真多数。（川本三郎）
た-37-1

竹本住大夫
文楽のこころを語る
人間国宝である著者が、名作十九演目について、作品の面白さ、詞《ことば》の一行一行にこめられた工夫や解釈にいたるまで、芸の真髄を語り尽くした、文楽ファン必携の書。（対談・茂山千之丞）
た-70-1

田草川《たそがわ》　弘
黒澤明VS.ハリウッド
『トラ・トラ・トラ！』その謎のすべて
日米合作映画『トラ・トラ・トラ！』――撮影開始直後、なぜクロサワは解任されたのか。日米徹底取材で、日本映画界最大の謎に迫った、大宅賞など四賞受賞のノンフィクション。（川本三郎）
た-76-1

中野京子
名画の謎
ギリシャ神話篇
古典絵画はエンターテインメント！　「名画の謎」シリーズ、文庫化の第一弾は、西洋絵画鑑賞には避けて通れない「ギリシャ神話」がテーマ。絵の中の神々の物語を読み解きます。（森村泰昌）
な-58-3

野村萬斎
狂言サイボーグ
狂言におけるカマエとは「隙なく立つこと」――。「胸で見る」極意から演者のもつ「背中」の重要性まで、日本の身体文化の深淵に光をあてた名著。（齋藤　孝）
の-17-1

橋本　忍
複眼の映像
私と黒澤明
黒澤との共作『羅生門』で脚本家デビューした著者が初めて明かす『生きる』や『七人の侍』の創作秘話の数々。黒澤映画の貴重な一次資料にして、名脚本家の感動の自伝。（加藤正人）
は-38-1

（　）内は解説者。品切の節はご容赦下さい。

町山智浩・柳下毅一郎
ベスト・オブ・映画欠席裁判
つまらない映画まで見たくなる!?　町山智浩と柳下毅一郎による映画活字漫談！　『スター・ウォーズ』から『チャーリーズ・エンジェル』まで、爆笑の掛け合い91本。（宇多丸／ライムスター）
ま-28-2

みうらじゅん
みうらじゅんのゆるゆる映画劇場
雑誌「映画秘宝」の人気連載を文庫化。実は「日本映画批評家大賞」受賞者である著者が、軽快な文章＋キョーレツなネタが満載のマンガで綴る爆笑映画エッセイ。ＤＶＤ店のお供に！
み-23-2

右田昌万
円谷英二の言葉
ゴジラとウルトラマンを作った男の１７３の金言
ゴジラ、ウルトラマンを生んだ、日本の特撮の神様、円谷英二。「金に困ったら発明すればいい」「胃に穴があくまで考えないと」。どんな逆境の中でも創造を続けた男の魂の言葉１７３を厳選。
み-39-1

森　まゆみ
円朝ざんまい
ノンフィクション作家の森まゆみさんが、近代不世出の噺家・三遊亭円朝の創作の舞台となった東京下町、上州、甲斐、北海道を辿る。失われた人情の機微にひたる旅日記。（半藤一利）
も-15-5

山﨑　努
俳優のノート
舞台『リア王』の出演決定から二年にわたって綴られた、緻密な演技プラン。黒澤明、伊丹十三、岸田今日子らとの魂のやりとり。役作りのすべてを明かした日記文学の傑作！（香川照之）
や-30-2

吉川圭三
ヒット番組に必要なことはすべて映画に学んだ
ビートたけしや明石家さんまの信頼も厚いテレビのヒットメーカーが古今東西の映画を徹底的に分析し、「面白いとはどういうことか」の本質に迫る異色の映画論！（鈴木敏夫）
よ-36-1

文藝春秋　編
テレビの伝説
長寿番組の秘密
「大河ドラマ」「紅白歌合戦」「水戸黄門」「笑点」……。テレビ史に燦然と輝く国民的長寿番組はいかに作られ、なぜ愛されるのか。その舞台裏と知られざる秘話を出演者たちが明かす！
編-3-19

（　）内は解説者。品切の節はご容赦下さい。

青柳いづみこ
モノ書きピアニストはお尻が痛い
現役ピアニストで、吉田秀和賞、日本エッセイスト・クラブ賞受賞作家である著者が、演奏することとモノを書くことの楽しさ、苦しさを、大胆、率直かつユーモラスに綴る。（小池昌代）
あ-52-1

内田　樹
映画の構造分析
ハリウッド映画で学べる現代思想
『エイリアン』と「フェミニズム」、『大脱走』と「父殺し」、「ヒッチコック」と「ラカン」etc.。ハリウッド娯楽大作に隠されたメッセージを読み解く著者の初期代表作。（鈴木　晶）
う-19-10

桂　米朝
落語と私
東京落語と上方落語のちがい、講談・漫談とのちがい、女の落語家は何故いないか等々、当代一流の落語家にして文化人である著者が落語に関するすべてをやさしく語る。（矢野誠一）
か-8-1

菊地成孔《なるよし》・大谷能生《よしお》
東京大学のアルバート・アイラー
東大ジャズ講義録・歴史編
ジャズとは何なのか？　気鋭の音楽家コンビがジャズ史をポップに斬新に語り倒し、三百人の受講者を熱狂させた伝説の東大講義。あなたのジャズの聴き方はまったく新たなものになる。
き-30-1

菊地成孔・大谷能生
東京大学のアルバート・アイラー
東大ジャズ講義録・キーワード編
ジャズはダンスのための黒人音楽である。ジャズにまつわる四つのキーワードを大友良英ほかゲスト講師四人を招いて縦横に語る。さらに挑発的でスリリングな東大ジャズ講義録・後期編。
き-30-2

小林信彦
映画が目にしみる　増補完全版
世紀をまたいで書き続けた映画コラム百七十一本を厳選！　黒澤明「天国と地獄」からイーストウッド「硫黄島からの手紙」まで、新旧作品を超えて書き尽くす〈決定版〉映画コラム集。
こ-6-26

小林信彦
黒澤明という時代
全作品をリアルタイムで観た著者が描く、名監督の栄光と挫折、喜びと苦悩。『姿三四郎』から晩年の作品までストイックでヴィヴィッドな視線を投げかける小林信彦の黒澤論。（芝山幹郎）
こ-6-29

（　）内は解説者。品切の節はご容赦下さい。

新藤兼人
愛妻記
余命一年余の妻を主演に映画を撮ると決めた――。妻子ある身で新進女優・乙羽信子と激しい恋に落ちてから半世紀。仕事とは、性愛の重さとは。哀切に満ちた万感の名著。（品田雄吉）
し-12-2

釈　徹宗・秋田光彦
仏教シネマ
気鋭の宗教学者・釈徹宗と映画プロデューサーから住職となった秋田光彦。二人の〝怪僧〟が映画の中の宗教性を探る。看取りの作法から死者のまなざしまで味わい深い110本。（内田　樹）
し-55-1

水道橋博士
藝人春秋
北野武、松本人志、そのまんま東……今を時めく芸人たちを、博士ならではの鋭く愛情に満ちた目で描き、ベストセラーとなった藝人論。有吉弘行論を文庫版特別収録。（若林正恭）
す-20-1

関　容子
海老蔵そして團十郎
華やかな舞台の陰には血の滲む思いがあった。花の海老さま、当代團十郎、そして二十一世紀の海老蔵。歌舞伎界を担ってきた親子三代の軌跡を詳細な取材で綴る感動の記録。（池内　紀）
せ-2-4

関　容子
勘三郎伝説
誰もが魅了されたあの声、あの笑顔。人を愛し芝居を愛した中村勘三郎は、寝る間を惜しんで五十数年間、多くのことを吸収し人の何倍も生きた。勘三郎の魅力あふれる一冊。（出久根達郎）
せ-2-5

千住真理子
聞いて、ヴァイオリンの詩
十二歳でプロデビューしたヴァイオリニストが、壁にぶつかり弓を置いた大学時代、そして再び世界を舞台に――。音楽のことから、家族の肖像、ワイン、健康法まで綴るエッセイ集。
せ-9-1

千住真理子・千住文子
千住家、母娘の往復書簡
母のがん、心臓病を乗り越えて
厳しい芸術の世界を共に歩んできた母娘は、母の末期がんをきっかけに、残された時間の中で語り尽くしたいと思った。魂の協奏曲とも言うべき34通の往復書簡。（千住　博・千住　明）
せ-9-2

（　）内は解説者。品切の節はご容赦下さい。

磯田道史
龍馬史
龍馬を斬ったのは誰か？　史料の読解と巧みな推理でついに謎が解かれた。新撰組、紀州藩、土佐藩、薩摩藩……。諸説を論破し、論争に終止符を打った画期的論考。（長宗我部友親）
い-87-1

磯田道史
江戸の備忘録
信長、秀吉、家康はいかにして乱世を終わらせ、江戸の泰平を築いたのか？　気鋭の歴史家が江戸時代の成り立ちを平易な語り口で解き明かす。日本史の勘どころがわかる歴史随筆集。

い-87-2

内田　樹
昭和のエートス
敗戦という巨大な「断絶」を受け入れた〝昭和人〟。彼らの規範に則るなら、市場原理に翻弄される現代の日本は、どのように映るのだろうか。独特の視座から鋭利に語る。（鷲田清一）
う-19-13

長部日出雄
「古事記」の真実
日本最古の古典「古事記」は、誰が何を思って書いたか。稗田阿礼や須佐之男命は何者か。伊勢や出雲の示すものとは……。作家が全霊をかけ、日本人の原点を読み解く名著。（平山周吉）
お-6-7

大佛《おさらぎ》次郎
天皇の世紀　全十二巻
文豪・大佛次郎による歴史文学の名著。卓抜した史観と膨大な資料渉猟によって激動の幕末を照射し、世界史上のエポックともなった明治維新の真義と日本人の国民的性格を明らかにする。

お-44-2

今　東光
毒舌日本史
「古事記」は性書の古典である！　信長は狂っていた！　秀吉は大泥棒であった！――今までの歴史観がもち得なかった奔放自在の発想で、日本歴史の表裏を面白く語る〝東光歴史談義〟。

こ-20-1

司馬遼太郎
歴史を紀行する
高知、会津若松、鹿児島、大阪など、日本史上に名を留める十二の土地を訪れ、風土と人物との関わり合い、歴史との交差部分をつぶさに見直す。司馬史観を駆使して語る歴史紀行の決定版。

し-1-134

（　）内は解説者。品切の節はご容赦下さい。

司馬遼太郎
手掘り日本史
日本人が初めて持った歴史観、庶民の風土、史料の語りくち、「手ざわり」感覚で受け止める美人、幕末三百藩の自然人格。圧倒的国民作家が明かす、発想の原点を拡大文字で！　（江藤文夫）
し-1-136

立花　隆
天皇と東大 I
大日本帝国の誕生
日本近現代史の最大の役者は天皇であり、その中心舞台は東大だった——。長い鎖国の時代が終わり、日本という近代国家がどのように作られ、どのように現代につながるかを描く。
た-5-19

立花　隆
天皇と東大 II
激突する右翼と左翼
明治は去り、日本は右傾化の道を歩み始める。陸続と国家主義者が台頭する一方、共産党への弾圧は強まる。大正デモクラシーから血盟団事件へ、歴史の転回点で東大が果した役割とは。
た-5-20

立花　隆
天皇と東大 III
特攻と玉砕
「天皇機関説」排撃の風潮が強まるなか、二・二六事件を奇貨として軍部は政治支配を強める。何が日本をあの悲劇的なテロと戦争の時代に導いたのか。東大の思想的責任を問う。
た-5-21

立花　隆
天皇と東大 IV
大日本帝国の死と再生
一九四五年八月、日本のかたちは劇的に変貌した。大日本帝国の解体、天皇の人間宣言、そして帝国大学の変質——。七年にわたり書き継がれたノンフィクションの金字塔、ここに完結。
た-5-22

丹野　顯
江戸の名奉行
43人の実録列伝
鬼平、大岡越前、遠山の金さん……。時代小説やドラマで知られる実在した町奉行、勘定奉行、火付盗賊改など名奉行43人の実像とは？　時代小説がさらに深く楽しめるファン必携の一冊。
た-88-1

長宗我部友親
長宗我部《ちょうそがべ》
四国統一を成し遂げ、天下を夢見るも、関ヶ原で敗北。「下士」への転落、雌伏の後、明治維新を期に家名復活へ。七十代、二千年に及ぶ一族の興亡を末裔が描く。　（対談・磯田道史）
ち-6-1

（　）内は解説者。品切の節はご容赦下さい。

長宗我部友親
長宗我部　復活篇
大坂の陣で長宗我部家は歴史から消えた。しかし、姓を変え、「下士」に転落するも命脈を保ち、大政奉還によって復活する。「血をつなぐ」ことの意味を問う歴史ノンフィクション。
ち-6-2

塚本哲也
エリザベート
ハプスブルク家最後の皇女（上下）
世紀末ウィーンのハプスブルク王家の嫡流に生まれ、王家崩壊と二度の大戦を経て、社民党闘士と再婚した美しき大公女の波瀾の人生。二十世紀中欧の動乱と悲劇を描く一大叙事詩。
つ-9-3

徳川慶朝《よしとも》
徳川慶喜家にようこそ
わが家に伝わる愛すべき「最後の将軍」の横顔
江戸開府四百年に、徳川家の秘密が明かされる。「最後の将軍」徳川慶喜の曾孫にしか書けなかったひいおじいさん慶喜のこと、徳川慶喜家のその後、そして徳川家の秘宝や自分のこと。
と-18-1

徳川宗英
徳川家の江戸東京歴史散歩
田安徳川家第十一代当主である著者が、東京に残る歴史の見どころ、史跡の数々を案内する。江戸城の内濠、外濠沿いを歩きながら、徳川時代から今にいたる歴史のロマンに浸ろう。
と-19-3

徳川元子
遠いうた
徳川伯爵夫人の七十五年
美濃大垣十万石の藩主の孫娘として、戸田伯爵家に生まれ、十九歳で徳川吉宗の血をひく田安徳川家に嫁いだ著者の、華族としての戦前戦後の日々を描いた回想記。（序文・円地文子）
と-20-1

永井路子
歴史をさわがせた女たち
日本篇
男尊女卑の日本ではあるが、必ずしも弱い女性ばかりではない。紫式部、淀君、細川ガラシヤ夫人ら日本史上のスーパーレディ三十余人の猛烈ぶりをユーモラスに描いた痛快な読物。
な-2-40

永井路子
歴史をさわがせた女たち
外国篇
クレオパトラ、ジャンヌ・ダルク、楊貴妃、マリー・アントアネット、ローザ・ルクセンブルクなど、世界史に名をとどめた女性の素顔と、そのとことん生き抜いた雄姿をスケッチする。
な-2-41

（　）内は解説者。品切の節はご容赦下さい。

永井路子
歴史をさわがせた女たち　庶民篇
歴史の裏側をのぞいてみると、庶民の女たちがいきいきと暮らしていた。大勢の子分を従えた女盗賊、九州から日光まで旅したマダムなど、名もない女たちの見事な生きっぷりを描く名著。
な-2-45

永井路子
平家物語の女性たち
平清盛ら源平の武者たちが華麗な戦さを謳いあげた「平家物語」の舞台裏で、ひっそりと息づいていた女たちがいた。白拍子、小督局ら十余人の肖像を描く、読み継がれるベストセラー。
な-2-49

永畑道子
恋の華・白蓮事件
大正十年、柳原白蓮は、夫である九州の炭鉱王・伊藤伝右衛門の屋敷を出て、青年弁護士・宮崎竜介のもとへはしる。新聞界を二分し、世論を沸騰させた妖艶歌人の〝不倫〟の真実を描く。
な-22-1

西尾幹二
決定版　国民の歴史（上下）
歴史とはこれほどエキサイティングなものだったのか。従来の常識に率直な疑問をぶつけ、世界史的視野で日本の歴史を見直した国民的ベストセラー。書き下ろし論文を加えた決定版。
に-11-2

半藤一利　編著
日本史はこんなに面白い
聖徳太子から昭和天皇まで、その道の碩学16名がとっておきの話を披露。蝦夷は出雲出身？　ハル・ノートの解釈に誤解？　大胆仮説から面白エピソードまで縦横無尽に語り合う対談集。
は-8-18

半藤一利
ぶらり日本史散策
新発見・開戦直後の山本五十六の恋文から聖徳太子と温泉、坂本龍馬人気のうつりかわりの理由まで。日本史の一場面を訪ね、ユーモアたっぷりに解説したこぼれ話満載。
は-8-20

安野光雅・半藤一利
三国志談義
桃園の誓いから諸葛孔明の死まで――吉川英治で親しんで六十余年。「三国志」には一家言ある薀蓄過剰な二人が、名場面の舞台、登場人物、名句・名言についてくりひろげた放談録！
は-8-26

（　）内は解説者。品切の節はご容赦下さい。

藤原正彦・藤原美子
藤原正彦、美子のぶらり歴史散歩
藤原正彦・美子夫妻と多磨霊園、番町、本郷、皇居周辺、護国寺、鎌倉、諏訪を散歩すると、普段は忙しく通り過ぎてしまう街角に近代日本の出来事や歴史上の人物が顔をのぞかせる。

ふ-26-4

松本清張
私説・日本合戦譚
菊池寛の『日本合戦譚』のファンだった松本清張が、「長篠合戦」「川中島の戦」「関ヶ原の戦」「西南戦争」など、戦国から明治まで天下分け目の九つの合戦を幅広い資料で描く。（小和田哲男）
ま-1-112

松原久子（田中　敏　訳）
驕れる白人と闘うための日本近代史
欧米中心に形作られた歴史観・世界観に対し、日本近代史に新たな角度から光を当てることで真っ向から闘いを挑む。同時に本書は、自信を失った日本人への痛烈な叱咤にもなっている。

ま-21-1

松平豊子
春は昔——徳川宗家に生まれて
徳川慶喜の跡を継いだ家達を祖父に持ち、十七代の長女として生まれた著者による自伝的エッセイ。大正から昭和にかけての歴史の細部も鮮明に浮かび上がる貴重な記録。（浅見雅男）
ま-31-1

宮城谷昌光
中国古典の言行録
中国の歴史と文化に造詣の深い作家が、論語、詩経、孟子、老子、易経、韓非子などから人生の指針となる名言名句を選び抜き、平明な文章で詳細な解説をほどこした教養と実用の書。

み-19-7

三浦佑之　訳・注釈
口語訳　古事記　神代《かみよ》篇
記紀ブームの先駆けとなった三浦版古事記が文庫に登場。語り部による親しみやすい口語体の現代語訳で、おおらかな神々の物語をお楽しみ下さい。詳細な注釈、解説、神々の系図を併録。

み-32-1

三浦佑之　訳・注釈
口語訳　古事記　人代《ひとよ》篇
神代篇に続く三十三代にわたる歴代天皇の事績と皇子や臣下の物語。骨肉の争いや陰謀、英雄譚など「人の代の物語」を御堪能下さい。地名・氏族名解説や天皇の系図、地図、索引を併録。

み-32-2

（　）内は解説者。品切の節はご容赦下さい。

三浦佑之
古事記講義
「神話はなぜ語られるか」「英雄叙事詩は存在したか」など四つのテーマから、古事記の神話や伝承の深みに迫る刺激的な集中講義。『口語訳　古事記』がより面白く味わえる必携副読本。
み-32-3

三浦佑之
古事記を旅する
国生み神話発祥の地からヤマトタケル終焉の地まで、『口語訳　古事記』の著者が全国75カ所の神話のふるさとを紹介する決定版ガイドブック。出雲、伊勢、奈良の探訪ルート付き。
み-32-4

山本博文
江戸のお白洲　史料が語る犯科帳の真実
婿殿毒殺を企む大商家の女たち。牢人五人で吉原立てこもり。婚礼翌々日の新郎殺し。現実にあった事件を江戸のお奉行たちはどう裁いたか。近世史の第一人者が紹介する。（宮部みゆき）
や-49-1

吉村　昭
史実を歩く
『戦艦武蔵』『生麦事件』などの戦史・歴史小説を精力的に発表してきた著者は、その綿密な取材と細部へのこだわりでも知られた。作家の史実への姿勢を率直に綴った取材ノート。（森　史朗）
よ-1-46

米窪明美
明治宮殿のさんざめき
「みやび」と「モダン」が無理なく同居する明治宮殿の十二ヶ月を絢爛豪華な宮廷絵巻として描き、天皇皇后から女官たちまでひとりひとりの息遣いを伝えてくれる一冊。（池田理代子）
よ-34-1

與那覇　潤
中国化する日本　増補版　日中「文明の衝突」一千年史
中国が既に千年も前に辿りついた境地に、日本は抗いつつも近づいている。まったく新しい枠組みによって描かれる興奮の新日本史！　宇野常寛氏との特別対談収録。
よ-35-1

文藝春秋　編
エッセイで楽しむ　日本の歴史（上下）
日本の誕生から幕末の動乱まで、史上の人物や事件など二百ちかい数のテーマに豪華執筆陣が随想を繰り広げる。知られざる人間模様やユニークな史料分析など歴史読物の醍醐味を満載。
編-2-22